“十二五”职业教育国家规划教材
经全国职业教育教材审定委员会审定
中等职业教育城市轨道交通车辆专业规划教材

城市轨道交通车辆制动系统

周江涛　周　珩　主编

中国铁道出版社

2017年·北　京

内容简介

本书是"十二五"职业教育国家规划教材，中等职业教育城市轨道交通车辆专业规划教材。全书分六章，主要内容包括制动基本理论、风源系统、制动控制系统组成、地铁制动控制系统简介、基础制动装置、制动系统检修与调试等。

本书可作为城市轨道交通专业电客车司机和检修人员使用教材，也可作为中等职业教育城市轨道交通的教学用书，同时可作为从事城市轨道交通车辆专业的一般技术人员参考用书。

图书在版编目(CIP)数据

城市轨道交通车辆制动系统/周江涛，周珩主编．—北京：中国铁道出版社，2017.8

中等职业教育城市轨道交通车辆专业规划教材

ISBN 978-7-113-22763-0

Ⅰ.①城… Ⅱ.①周… ②周… Ⅲ.①城市铁路-铁路车辆-车辆制动-中等专业学校-教材 Ⅳ.①U239.5

中国版本图书馆 CIP 数据核字(2017)第 007690 号

书　　名：城市轨道交通车辆制动系统
作　　者：周江涛　周　珩　主编

策　　划：阚济存
责任编辑：阚济存　　**编辑部电话：**(010) 51873133　　**电子信箱：**td51873133@163.com
封面设计：崔丽芳
责任校对：胡明锋
责任印制：郭向伟

出版发行：中国铁道出版社（100054，北京市西城区右安门西街 8 号）
网　　址：http://www.tdpress.com
印　　刷：三河市航远印刷有限公司
版　　次：2017 年 8 月第 1 版　2017 年 8 月第 1 次印刷
开　　本：787 mm×1 092 mm　1/16　印张：6.75　字数：200 千
印　　数：1～3 000 册
书　　号：ISBN 978-7-113-22763-0
定　　价：20.00 元

前言 PREFACE

本书为“十二五”职业教育国家规划教材、中等职业教育城市轨道交通车辆专业规划教材，由长期从事轨道交通车辆专业教学的教师编写。

作为城市轨道交通运输的基本运载工具，城市轨道交通车辆是集机械工程、电力电子技术、微电子控制、网络控制、人机工程学、空气动力学等学科于一体的高科技产品。其中，城市轨道交通车辆制动系统，作为轨道交通车辆的核心技术之一，是学生学习掌握的重点。因为轨道交通车辆不需要掌握方向，控制车辆行驶速度就成为车辆驾驶很重要的工作环节。城市轨道交通车辆制动系统承担着车辆行驶过程中的速度控制、迅速地减速停车、列车停稳后避免列车因重力或者风力作用而移动的作用。城市轨道交通车辆的制动系统主要由控制部分和制动执行部分构成。本书主要针对现行的常用 EP2002 制动系统，阐述制动基本理论、风源系统、地铁制动系统组成、地铁控制系统简介、基础制动装置、制动机维护等六个单元的内容。

作为城市轨道交通车辆专业中电客车司机和车辆检修方向的专业课教材，本书编写的指导思想是：基础理论适度、强化基础及共性知识、专业针对性强，以基本的应知应会为主，以基本能力为核心，能反映地铁制动系统的共性。

本书由四川管理职业学院周江涛、周珩担任主编，参加编写的还有宝鸡技师学院高级讲师张耀宁，呼和浩特市机械工程职业技术学校王永强、李全宝。编写分工如下：周珩编写绪论、第一章、第二章；周江涛编写第三章；张耀宁编写第四章、第六章；王永强、李全宝编写第五章内容。本书主要参考了广州、成都、西安、重庆、上海、深圳等城市地铁资料及西南交通大学动车组制动的相关资料，在此特别感谢西安铁路职业技术学院李益民教授的大力支持。

由于编者水平有限，书中难免有疏漏之处，恳请广大读者批评指正。

编　者
2017 年 6 月

CONTENTS

绪　论

第一节　基本概念

制动对于交通工具来说是事关安全的一项非常重要的操作内容。对于轨道交通系统来说，人为地使运动的列车减速或阻止其加速的过程称为制动。从力学的角度来解释，制动过程首先是对列车施加一个与运动方向相反的力，这个力有如下特点:①人为施加，与列车运行中的一系列自然产生的阻力不同。②可控性，其大小可随操纵者的要求变化。③有目的性，用于列车的减速、停车以及阻止因重力等原因引起的列车加速趋势。通常我们把这个力称之为“制动力”。从制动力的可控性和使用目的，要求这个力有一定的大小，并且当力的大小达到需求后，还应维持一定的作用时间，以达到作用效果，这个维持制动力大小的过程就称为保压。列车达到减速要求或加速力减小后，当列车需恢复运行时，又需要解除或减弱制动力，这个过程称为缓解。一个制动操作应包含制动、保压、缓解三个过程。

一、制动装置

为了能满足制动操作的需要，在轨道交通设备上需要安装一整套的制动装置零部件，称为制动系统(简称制动机)。对于铁路列车可分为机车制动装置和车辆(客车、货车)制动装置，但对于城轨交通车辆来说，由于编组形式不同，可分为动车制动装置和拖车制动装置。一般来说，任何制动装置都具有控制本车制动和缓解的功能，但机车制动装置还具有操纵全列车制动的功能。城轨车辆也有操纵全列车制动的设备，它一般安装在两端头车的司机室操纵台上，头车既可以是拖车也可以是动车。

一套制动装置至少包括两个部分，分别为制动控制部分和制动执行部分。制动控制部分负责产生、处理制动信号，并将该信号传递到各车辆的制动执行部分。制动执行部分产生制动力，通常称为基础制动装置，包括闸瓦制动、盘形制动、磁轨制动等形式。

过去由于列车上安装的制动装置比较简单、直观，而且采用压缩空气传递制动信号，因此统称为制动装置。但是随着高速动车组和轨道交通车辆技术的发展，制动装置中越来越多地采用电气信号和电气驱动设备。微机和电子设备的出现使制动装置变得无触点化和集成化，并且使制动控制功能融入其他电路不能独立划分。因此，只能按现代方法将具有制动控制功能的电子线路、电气线路和气动控制部分归结为一个系统，统称为列车制动控制系统。

当以压力空气作为制动信号传递和制动力控制的介质时，该制动装置称为空气制动控制系统，又称空气制动机。以电气信号来传递制动信号的制动控制系统，称为电气指令式制动控制系统，其制动力的提供可以是压力空气、电磁力、液压力等。

现代轨道交通车辆的制动系统是由动力制动系统、空气制动系统以及指令和通信网络系统三部分组成的。

1. 动力制动系统

动力制动系统一般与牵引系统连在一起形成主电路，包括再生反馈电路和制动电阻器，将动力制动产生的电能反馈给供电接触网或消耗在制动电阻器上。

2. 空气制动系统

空气制动系统由风源部分、控制部分和执行部分等组成。风源部分有空气压缩机、空气干燥器和风缸等；控制部分有电-空转换阀、紧急阀、称重阀和中继阀等；执行部分有闸瓦制动和盘形制动装置等。

3. 指令和通信网络系统

指令和通信网络系统既是传送司机指令的通道，也是制动系统内部数据交换及制动系统与列车控制系统进行数据通信的总线。

二、制动能力

每个城轨交通设备都有与之相适应的制动装置，所谓相适应不是说制动装置越先进越好，而是制动装置必须与列车的运行速度、载荷、编组、线路状况和运用状态相适应。通常对一套制动装置的响应速度和制动效果应该有所限制，为了便于检测，我国采用制动距离这个概念来度量制动装置的响应速度和制动效果。制动距离是指从司机施行制动的瞬间起到列车速度降为零时列车所行驶的距离。为便于比较还必须约定施行制动瞬间的列车速度即制动初速度。制动距离分为常用制动距离和紧急制动距离。从安全性的角度，紧急制动距离被明确加以限制。比如上海地铁规定：在满载乘客的条件下，在任何运行初速度下，列车的紧急制动距离不得超过 180 m。广州地铁制动距离规定见表 0-1。

表 0-1　广州地铁制动距离

初速度(km/h)	常用制动距离(m)	紧急制动距离(m)
80	234	200
60	136	118
40	65	56

对于制动距离的限制必须满足，但也不是制动距离越短越好，制动距离过短制动时的冲动就会很大，而使列车的舒适性和安全性变差。这就是制动距离的大小应该在一定范围的原因之一。

第二节　制动的分类

一、城轨车辆制动系统的制动模式

根据车辆的运行要求，制动系统采用以下几种制动模式。

1. 常用制动

常用制动是指在正常情况下为调节或控制列车速度(包括进站停车)所实行的制动。它的特点是作用比较缓和，制动力可以调节，通常只用列车制动能力的20%～80%，多数情况下只用50%左右的制动能力。

2. 紧急制动

紧急制动是非正常情况使用的一种制动，在紧急情况下为使列车尽快停车而施行的制动。特点是作用比较迅速，而且将列车的制动能力全部使用。制动时因主断路器跳闸而没有电制动，完全由空气制动承担整个制动过程。在停车前制动不可缓解。冲动限制只考虑乘客和车体的承受极限，不考虑乘客的舒适度。

3. 快速制动

快速制动是非正常情况使用的另一种制动，也是为了使列车尽快停车而实施的制动，但需制动系统各部分均正常。其制动能力高于常用制动，与紧急制动相当。制动施加为电制动和空气制动共同完成的。制动过程中可施行缓解。冲动限制要求与紧急制动相同。

4. 保持制动

对于地铁列车来说，通常把停车前的这一段空气制动过程称为停车制动或保持制动。当制动使列车减速到极低速度以后，为减小冲动，系统会自动将制动力降低。上海地铁和广州地铁是在减速至4 km/h左右，制动力降至70%，并且自动维持该制动力，以防止车辆溜车，直至发出缓解命令。

5. 停放制动

当车辆长时间停放在坡道上时，为防止车辆的溜逸而采用的止轮措施。由于车辆停机后没有电和压缩空气的供给，所以没有电制动，空气制动也会随着停放时间的延长而逐步衰减，因此车辆上还采用了另外的制动装置，其制动力不太大，仅够用于阻止静止列车的溜逸，但其制动力不会随时间推移而减弱。一般采用弹簧制动的形式，缓解时通过压缩空气压缩弹簧，制动时释放弹簧，靠弹簧张力推动制动机构阻止车轮转动。

从上述各制动模式可看出，列车的制动是由空气制动和电制动共同完成的，两种制动方式可能单独施加，也可能联合施加，其各自承担制动的比例完全由控制系统根据制动模式、列车速度和载荷情况等进行分配和协调。

二、制动的分类

轨道交通发展到现阶段，不论是制动的控制方式，还是基础制动的形式都可谓五花八门、形式各异。为了了解各种制动形式的特点，更好运用各种制动，我们按一定的标准进行分类。主要的分类方式有：按列车动能转移方式、按制动力的形成方式、按控制方式和制动源动力进行分类。

（一）按列车动能转移方式分类

按能量转化的观点来说制动的本质就是动能转化为其他形式能量的过程，运行中的列车具有很大的动能，要使它停下来就必需使其动能转换为其他形式的能量，并且该转化过程应该是可控制的。从该观点出发制动过程必须具备的两个基本条件是：①实现能量的转换。②控制能量的转换。

在处理能量转换的过程中，通常采用两种方式：一是靠摩擦把动能转换成热能，即摩擦制动；二是通过发电机将动能转换成电能，然后将电能从车上转移出去，称之为动力制动。在两种制动形式中摩擦制动又分为踏面制动、盘形制动、轨道电磁制动三种。

（1）踏面制动。又称闸瓦制动，是自有铁路以来使用最广泛的一种制动方式。它用铸铁或其他材料制成的瓦状制动块（闸瓦）紧压滚动着的车轮踏面，通过闸瓦与车轮踏面的机械摩擦将列车的动能转变为热能，消散于大气，并产生制动力。现在的货车采用的是单闸瓦的踏面摩擦制动，而普通客车采用的是双闸瓦的踏面摩擦制动，如图 0-1 所示。

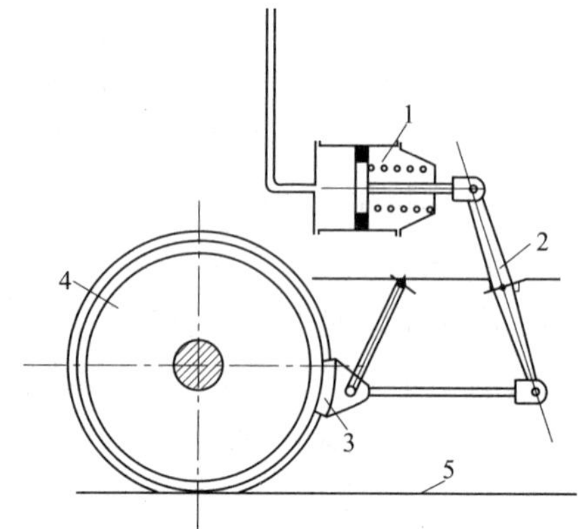

图 0-1　踏面制动

1—制动缸；2—基础制动装置；3—闸瓦；4—车轮；5—钢轨

（2）盘形制动。盘形制动是在车轴或轮辐板侧面安装制动盘，一般为铸铁圆盘，制动时用制动夹钳使合成材料制成的两个闸片紧压制动盘侧面，通过摩擦产生制动力，将动车组动能转变成热能消散于大气，如图 0-2 所示。

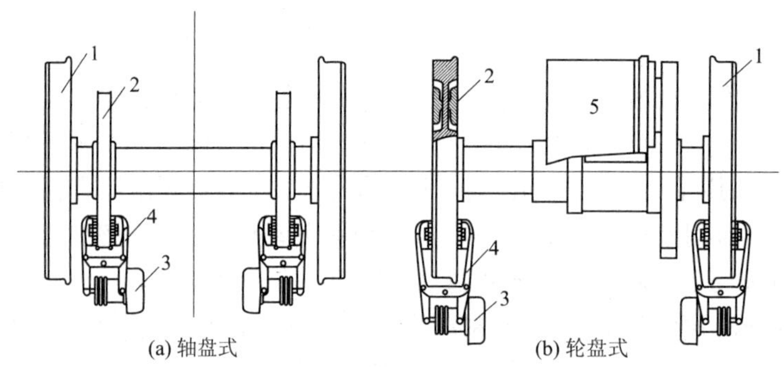

图 0-2　盘形制动

1—轮对；2—制动盘；3—单元制动缸；4—制动夹钳；5—牵引电机

（3）轨道电磁制动。轨道电磁制动也叫磁轨制动，是一种传统的制动方式，这种制动方式是在转向架前后两轮之间安装升降风缸，风缸顶端装有两个电磁铁，电磁铁包括电磁铁靴和摩擦板，电磁铁悬挂安装在距轨道面适当高度，制动时电磁铁落下，并接通励磁电源使之产生电磁吸力，吸附在钢轨上，列车的动能通过磨耗板与钢轨的摩擦转化为热能，逸散于大气。轨道电磁制动可得到较大的制动力，因此常被用作紧急制动时的一种补充制动，这种制动不受轮轨间黏着系数的限制，能在保证旅客舒适性条件下有效地缩短制动距离。当磨耗板与轨道摩擦产生的热量多，对钢轨的磨损也很严重。但因为其制动距离短，而结构又简单可靠，所以这种装置在有轨电车和轻轨上使用较多，如图 0-3 所示。

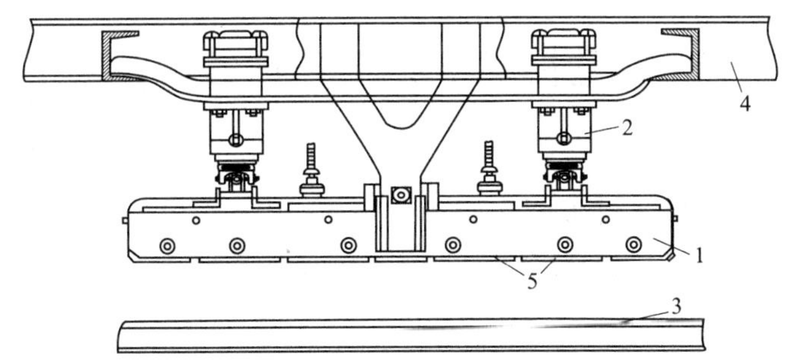

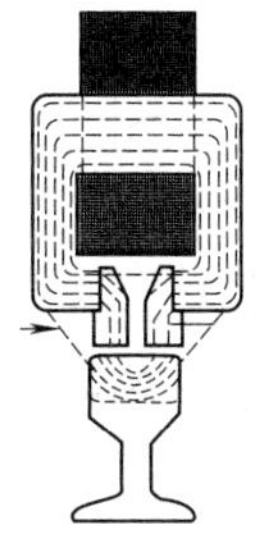

图 0-3 磁轨制动

1—电磁铁；2—升降风缸；3—钢轨；4—转向架侧梁；5—磨轮板

(二)按制动力形式分类

(1)电阻制动。电阻制动是在制动时将原来驱动轮对的牵引电机转变为发电机，由轮对带动发电机发电，并将电流通过专门设置的电阻器，采用通风散热方式将热量消散于大气，从而使动轮产生制动作用。发电过程中产生的电磁力，就是制动力。电阻制动装置可以避免闸瓦制动对车轮和闸瓦的磨损，提高车轮的使用寿命。

(2)再生制动。再生制动也是将牵引电机转变为发电机运行，不同的是，它是将电能反馈回电网，使其再生为电能再利用，而不是变成热能消散掉。

在轨道交通设备中所采用的制动形式还很多，比如涡流制动、翼片制动等。每种制动形式都有其优缺点，所以现代轨道交通设备上，很少采用单一的制动形式，而是采用混合制动的方式，充分利用各种制动的优点，实现列车速度控制的要求。

三、按控制方式和制动源动力进行分类

1. 手制动机

以人力作为动力来源，用手来操纵制动和缓解的制动机叫作手制动机。目前只作为辅助制动装置，一般仅用于停放制动或在调车作业中使用。

2. 真空制动机

以大气压力作为动力来源，用对制动管抽真空的程度(真空度)来操纵制动和缓解的制动机叫作真空制动机。受制动力的限制，在我国已被淘汰。国际上，也仅有少数亚、非国家采用这种制动形式。

3. 空气制动机

空气制动机是以压缩空气为动力来源，用空气压力的变化来操纵的制动机。由于空气制动机的清洁、可靠、制动力适合的特点，在我国被广泛运用。

4. 电空制动机

作为空气制动机的另外一种形式，以压缩空气作为原动力，利用电来操纵的制动机。这种制动机的主要优点是全列车能迅速发生制动和缓解作用，列车前后部制动机动作一致性较好，制动距离短，适用于高速旅客列车。

第三节　制动机基本工作原理

在制动发展历史中，自 1869 年出现空气制动以来，空气制动就一直被广泛运用。无论现代的城轨设备采用了其他如何先进的制动形式，但空气制动都作为最基础、最可靠的制动形式得以保留。就制动原理来说，空气制动机分为直通式和自动式两种。

一、直通式空气制动机

直通式空气制动机工作原理如图 0-4 所示。

空气压缩机将压缩空气储入总风缸内，经总风缸管至制动阀。制动阀有缓解位、保压位和制动位 3 个不同位置。在缓解位时，制动管内的压缩空气经制动阀 EX 口排向大气；在制动位时，总风缸管压缩空气经制动阀流向制动管；在保压位时，制动阀保持总风缸、制动管和 EX 口各不相通。

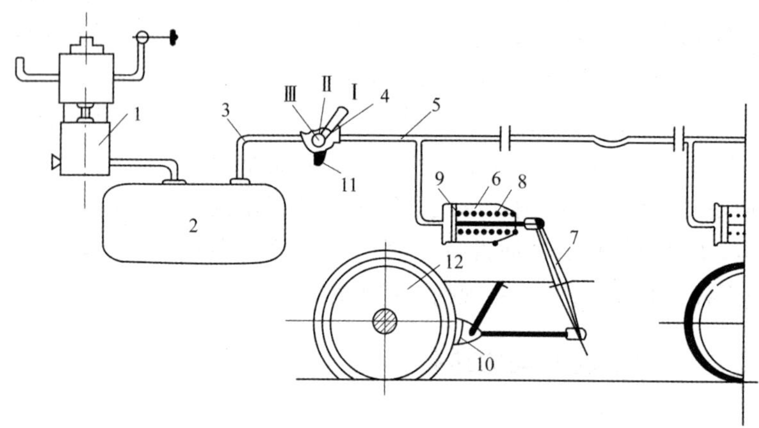

图 0-4　直通式空气制动机

Ⅰ—缓解位；Ⅱ—保压位；Ⅲ—制动位；1—空气压缩机；2—总风缸；3—制动风管；4—制动阀；5—制动管；6—制动缸；7—基础制动装置；8—制动缸缓解弹簧；9—制动缸活塞；10—闸瓦；11—制动阀 EX 口；12—车轮

1. 制动位

司机要实施制动时，首先把操纵手柄放在制动位，总风缸的压缩空气经制动阀进入制动管。制动管是一根贯穿整个列车，两端封闭的管路。压缩空气由制动管进入各个车辆的制动缸，压缩空气推动制动缸活塞移动，并通过活塞杆带动基础制动装置，使闸瓦压紧车轮，产生制动作用。制动力的大小，取决于制动缸内压缩空气的压力，由司机操纵手柄在制动位的放置时间长短而定。

2. 缓解位

要缓解时，司机将操纵手柄置于缓解位，各车辆制动缸内的压缩空气经制动管从制动阀 Ex 口排入大气。操纵手柄在缓解位放置的时间应足够长，使制动缸内的压缩空气排尽，压力降至为零。此时制动缸活塞借助于制动缸缓解弹簧的复原力，使活塞回到缓解位，闸瓦离开车轮，实现车辆缓解。

3. 保压位

制动阀操纵手柄放在保压位时，可保持制动缸内压力不变。当司机将操纵手柄在制动位与保压位之间来回操纵，或在缓解位与保压位之间来回操纵时，制动缸压力能分阶段上升或降下，即实现阶段制动或阶段缓解。

直通式空气制动机的特点是：

(1)制动管增压制动、减压缓解、列车分离时不能自动停车。

(2)能实现阶段缓解和阶段制动。

(3)制动力大小靠司机操纵手柄在制动位放置时间的长短决定，因此控制不太精确。

(4)制动时全列车制动缸的压缩空气都由总风缸供给；缓解时，各制动缸的压缩空气都需要经制动阀排气口排入大气。因此前后车辆制动一致性不好。

二、自动式空气制动机

自动式空气制动机与直通式不同的是，增加了三个部件：在总风缸与制动阀之间增加了调压阀；在每节车辆的制动管与制动缸之间增加了三通阀和副风缸。调压阀的作用是限定制动管定压，人为规定制动管压力，即无论总风缸压力多高，调压阀出口的压力总保持在一个设定值。

自动空气制动机工作原理如图 0-5 所示。

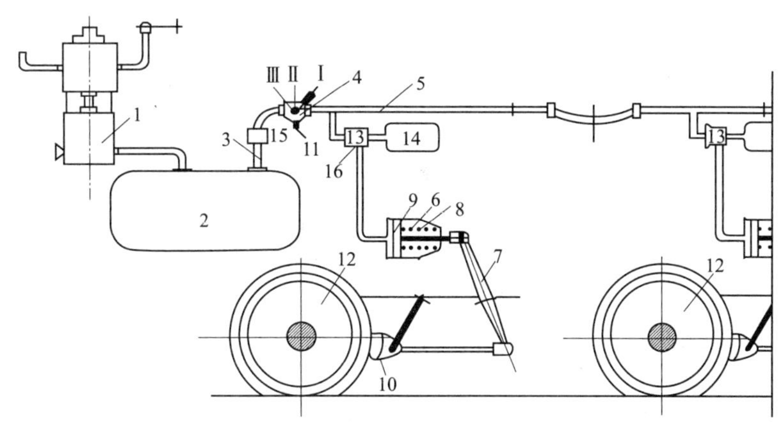

图 0-5　自动式空气制动机

Ⅰ—缓解位；Ⅱ—保压位；Ⅲ—制动位；1—空气压缩机；2—总风缸；3—总风缸管；4—制动阀；5—制动管；6—制动缸；7—基础制动装置；8—制动缸缓解弹簧；9—制动缸活塞；10—闸瓦；11—制动阀 EX 口；12—车轮；13—三通阀；14—副风缸；15—调压阀；16—三通阀排气口

自动式空气制动机的制动阀同样也有缓解位、保压位和制动位 3 个作用位置，但内部通路与直通式空气制动机的制动阀有所不同。在缓解位时它连通调压阀与制动管的通路；制动位时它使制动管与制动阀上的 EX 口相通，制动管压缩空气经它排向大气；保压位时仍保持各路不通。

制动阀操纵手柄放在缓解位时，总风缸中的压缩空气经调压阀、制动阀送到制动管，然后通过制动管送到各车辆的三通阀，经三通阀使副风缸充气。如此时制动缸中有压缩空气，则经三通阀的排气口 16 排入大气。列车运行时，制动阀操纵手柄一般处于缓解位，直至副风缸充至制动管定压值。

制动阀操纵手柄放在制动位时，制动管内的压缩空气经制动阀 EX 口排向大气。制动管的减压信号传至车辆的三通阀时，三通阀动作，副风缸内的压缩空气经三通阀充向制动缸，制动缸活塞推出，使制动执行机构动作，列车产生制动作用。

由此可见，自动空气制动机是依靠制动管中压缩空气的压力变化来传递制动信号，制动管增压缓解，减压则制动，其中，三通阀是制动缸充气或排气的控制部件。

三通阀工作原理如图 0-6 所示。

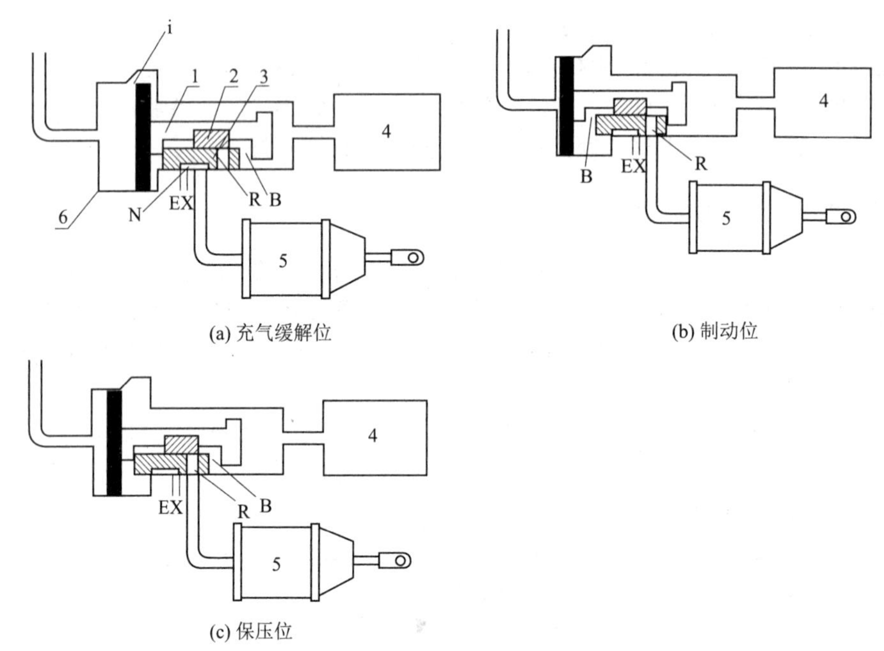

图 0-6　三通阀工作原理

1—三通阀活塞及活塞杆；2—节制阀；3—滑阀；4—副风缸；5—制动缸；

6—三通阀；i—充气沟；B—间隙；R—通气孔；N—联络槽

三通阀由于它与制动管、副风缸和制动缸相通而得名。根据制动管压力的变化，三通阀有以下三个基本位置。

1. 充气缓解位

制动管压力增加时，在三通阀活塞两侧形成压差，三通阀活塞及活塞杆带动节制阀及滑阀一起移至右侧端位，这时充气沟露出。三通阀内形成以下两条通路：

(1)制动管→充气沟→滑阀室→副风缸；

(2)制动缸→滑阀底面 N 槽→三通阀 EX 口→大气。

第一条为充气通路，第二条为缓解通路，所谓充气是指向副风缸充气，缓解是指制动缸缓解。副风缸内压可一直充至与制动管的压力相等，即达到制动管定压，制动缸缓解后的最终压力为零。

2. 制动位

制动时，司机把制动阀手柄放在制动位，制动管内的压力空气经制动阀排气减压。三通阀活塞左侧压力下降，右侧副风缸压力大于左侧。当两侧压差较小时，不足以推动活塞，副风缸的压力空气有通过充气沟逆流的现象。但由于制动管内压力下降较快，活塞两侧压差

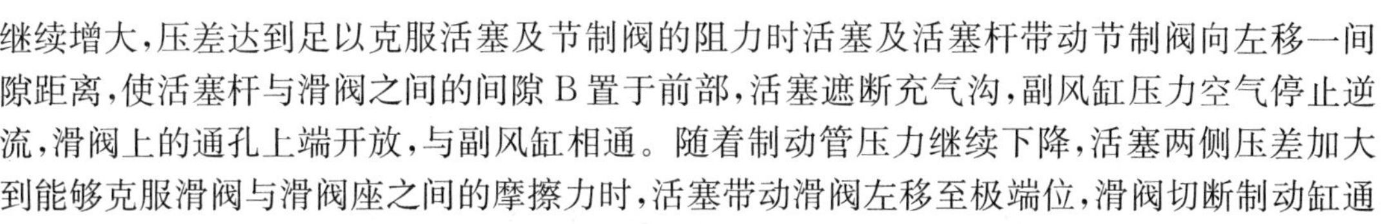

继续增大，压差达到足以克服活塞及节制阀的阻力时活塞及活塞杆带动节制阀向左移一间隙距离，使活塞杆与滑阀之间的间隙 B 置于前部，活塞遮断充气沟，副风缸压力空气停止逆流，滑阀上的通孔上端开放，与副风缸相通。随着制动管压力继续下降，活塞两侧压差加大到能够克服滑阀与滑阀座之间的摩擦力时，活塞带动滑阀左移至极端位，滑阀切断制动缸通大气的通路，同时滑阀通孔下端与滑阀座制动缸孔 R 对准，形成副风缸向制动缸的充气通路。如果三通阀一直保持这一位置，最终将使副风缸压力与制动缸的压力平衡。

3. 保压位

在制动管减压到一定值后，司机将制动阀操纵手柄移至保压位，制动管停止减压。三通阀活塞左侧压力不再下降，但三通阀活塞仍处于左极端的制动位，因此副风缸压力空气继续充向制动缸，活塞右侧的压力继续下降。当右侧副风缸压力稍低于左侧制动管的压力时，两侧压差达到能克服活塞和节制阀的阻力时，活塞将带着节制阀向右移一个 B 间隙距离，使滑阀与活塞杆之间的间隙位于后端，同时节制阀遮断副风缸向制动缸的充气通路，副风缸压力不再下降。由于此时活塞两侧压差较小，不足以克服滑阀与滑阀座之间的摩擦力，所以活塞位于此位不再移动，制动缸保压。

此时司机可操纵制动阀，使制动管增压，三通阀将进入充气缓解位，执行副风缸的充风和制动缸的减压为零。同样如果操纵需要，司机可将制动阀手柄移至制动位，让制动管再减压，三通阀再次进入制动位，使副风缸再次向制动缸充风，形成制动缸压力再次上升。即司机通过使制动阀手柄在制动位与保压位之间的来回移动，可形成阶段制动。

4. 自动制动机的特点

(1)制动管减压制动、增加缓解，列车分离时能自动制动停车。

(2)由于制动缸的风源与排气口离制动缸较近，其制动与缓解不再通过制动阀进行，因此制动与缓解的一致性较直通制动机好，列车纵向冲动较小，适合于较长编组的列车。

(3)有阶段制动及一次缓解性能。

现代的城轨车辆的制动系统基本采用电空控制的制动系统，即制动的需求信号以电气指令的形式传递到各个车辆，利用电信号传递的快速性，消除车辆前后收到信号的不一致。各车辆根据制动需求使风源往制动缸内充入适当的压力。充风方式不同于直通式空气制动，是将风源系统产生的压缩空气事先送到各车辆的风缸内储存，接到制动命令后各自往本车的制动缸充风。这样使各车辆几乎同时制动，列车前后没有延迟，并且如发生列车分离后，通过安全回路的断电能使各车辆自动的产生紧急制动。

复习思考题

1. 名词解释：制动、缓解、制动系统、制动力、制动能力。
2. 制动装置一般包括哪几部分？
3. 按能量的转化方式分类车辆制动机有哪些种类？它们各自有什么特点？
4. 按控制方式和制动源动力进行分类有哪些制动机？它们各自有什么特点？
5. 简述直通式空气制动机的组成和工作特点。
6. 说明自动式空气制动机的工作原理和特点。

第一章　制动基本理论

第一节　压力、压强和流量

一、压力与压强

理论上，压力与压强是两个不同的物理量。压力是指物体间的相互作用力，其单位为牛顿(N)；而压强是指单位面积上所承受力的大小，其单位为帕(Pa)。

在空气管路系统中，人们习惯将“压强”称为“压力”，但其含义不变，只是名称的更换。列如：制动管“压力”为 500 kPa，实际就是指制动管内“压强”为 500 kPa。

由物理学可知，大气对地球表面作用着一定压力，这一压力称为大气压力。人们定义 760 mm 高的水银柱的压力为一个标准大气压，换算成国际单位制为 101.333 3 kPa。工程上为计算方便，一般取 100 kPa。

绝对压力是指压力空气的实际压力。若气体未压缩而呈自由状态，其绝对压力为大气压力，若处于绝对真空状态，其绝对压力为零。

表压力是指压力表指示的压力值。由于一般压力表只指示高于大气压力数值(真空压力表则例外)，所以绝对压力与表压力的差值为大气压力值。可见，绝对压力等于表压力与大气压力之和。

一般来说，我们用压力来推动气动执行机构产生推力，完成机构的动作。如图 1-1 所示，由于气缸的直径一定，所以输出的推力与输入的压力成正比。因此控制输入压力大小就能控制机构输出推力大小。

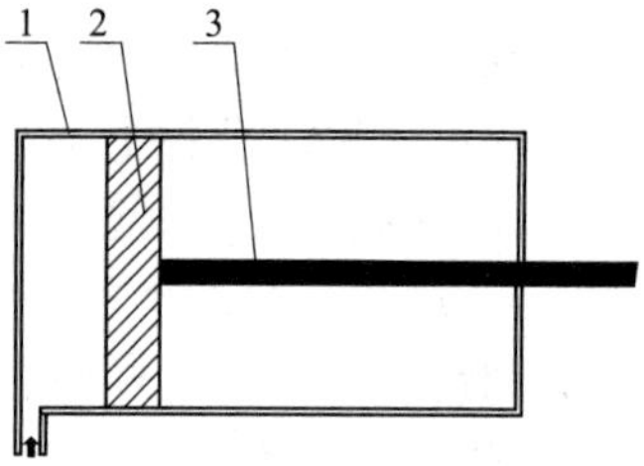

1　2　3

图 1-1　气缸机构

1—气缸；2—活塞；3—活塞杆

二、流　　量

制动系统中我们除了要控制该机构输出的推力大小外，我们还需要图 1-1 所示的活塞能迅速移动产生推力，要使活塞能快速移动，必需使单位时间内充入气缸的气体体积一定，即对压缩空气的流量有要求。气体流量单位一般为升/分(L/min)。气缸直径越大，行程越长所需流量越大，这也是空压机排量、风缸体积和管道直径选择的依据。

总之，制动控制系统就是要为制动执行机构提供压力可控，流量一定的压缩空气。

第二节　轮轨关系和制动力

一、轮轨接触

理想情况下，车轮为一刚性绝对的圆，而钢轨为一刚性完全平直的直线，所以轮轨为点接触。当车轮在轨道上纯滚动时，车轮和轨道的接触点之间处于相对静止状态。牵引和制动时，机车所施加的内力只能使车轮的转速加快和减慢，并不能引起机车本身速度的改变。但由于车轮转动的加速度发生改变，轮轨接触点有发生相对移动的趋势，于是产生的静摩擦力将阻止这个相对运动的发生，同时也就引起机车速度的改变，这个静摩擦力也就是牵引力或者制动力。以制动状态为例如图 1-2 所示。

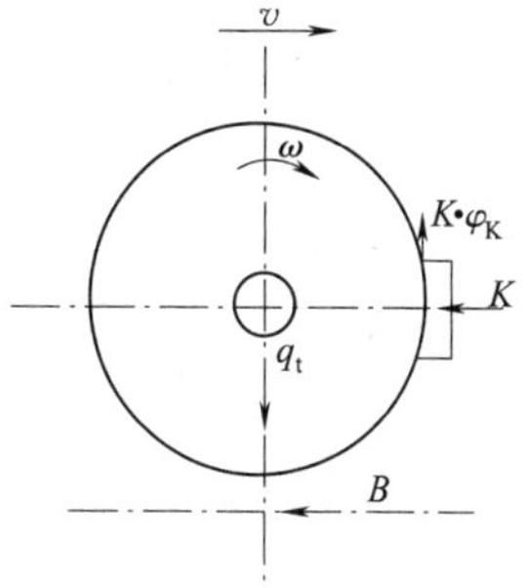

图 1-2　轮对受力情况

v—车辆运行速度；ω—车轴转动角速度；φ_K—闸瓦摩擦系数；K—闸瓦压力；q_t—车辆轴重；B—钢轨通过接触点给车轮的摩擦力

二、制动力的形成

对转动的车轮运用转动定律，可列出如下方程式：

$$K \cdot \varphi_K \cdot r - B \cdot r = J \cdot \alpha \tag{1-1}$$

式中　r——车轮半径；

J——轮对的转动惯量；

α——轮对的角减速度。

通过式(1-1)，可看出闸瓦摩擦力矩引起了两部分作用，一部分引起钢轨给车轮的纵向水平反作用力，使车辆获得减速度；另外一部分使转动惯量为 J 的车轮获得减速度。由于车轮的转动惯量很小，所以在制动计算中可近似地认为：

$$B = K \cdot \varphi_K \tag{1-2}$$

对于一辆车来说制动力是该车所有闸瓦产生的摩擦力之和，对于一列车来说制动力则是该列车所有闸瓦产生的摩擦力之和。

另外关于制动力应该符合静摩擦力的特点，当外作用力小于最大静摩擦力时，随外力增大而增大，可用式(1-2)计算。当外力大于最大静摩擦力时，静摩擦被破坏，制动力计算不符合式(1-2)。

第三节　黏着和黏着系数

一、黏　　着

前面我们所讨论的状态是理想状态，但实际上由于车轮与轨道的几何形状的非理想性，以及材质的弹性变形，使得轮轨的接触不是一个点，而是一个面。在这个面内的点也非保持绝对静止，而是处于一种滚动并伴有微量滑动的状态，我们将它称为“黏着”。黏着与静摩擦的物理特性非常接近，都是由制动力矩引起的切向力，当切向力增大时黏着力(制动力)增大，并保持与切向力相等。当切相力增大到一定时，黏着力达到最大值。若此后切向力继续增大，黏着力反而迅速减小，此状态即为黏着被破坏状态。黏着力的最大极限值，我们将其类比于最大静摩擦力命名为最大黏着力。

黏着被破坏后，车轮间由纯滚动转化为既有滚动又有滑动的状态。如果黏着破坏是由牵引力矩过大引起的，称为“空转”。如果黏着破坏是由制动力矩过大引起的，称为“滑行“。不论是空转或滑行，对车轮和钢轨都有极大的危害，都会危及行车安全应严格限制，尽量避免发生。

二、黏着系数

空转与滑行的控制要点在于最大黏着力，而最大黏着力的大小与车辆轴重有关系，应该是相同条件下，正比于轴重的增加而增加，这一点与静摩擦相同。因此我们也可以将最大黏着力除以载荷称为黏着系数：

$$\psi = f_{max}/q_t \tag{1-3}$$

黏着系数与许多因素有关，一般来说在相同条件下，轮轨间静摩擦系数 μ、黏着系数 ψ、滑动摩擦系数 φ 三者应满足以下关系：

$$\mu > \psi > \varphi$$

黏着力的最大值应该远小于最大静摩擦力，而大于滑动摩擦力。当滑行发生后，此时起阻止车辆运行的是滑动摩擦力，其值应远小于最大黏着力，所以突破黏着极限后制动力反而减小。也就是说黏着被破坏后，不单对轮轨造成损害，就制动本身来说也是不利的。

影响黏着系数的因素来自两方面，一是轮轨的表面状态，包括轨道表面的清洁度、干湿状况以及是否生锈，轮轨表面的粗糙度，是否撒砂，砂子的数量和质量等。另外一方面与车辆的运行速度和线路的平顺度也有关，总的来说，车速越高，线路起伏越大，黏着系数将呈下降趋势。

各国对于黏着系数的确定，都有自己的计算公式，该公式都是在实验环境下，根据大量实验数据得出的经验公式，一般在实际环境中还需一定的修正。我国根据国外经验和自身情况，从 1988～1991 年，在经过大量试验的基础上，得出了可供中国机车车辆设计时选用的制动黏着系数公式：

干燥轨面 $$\mu = 0.0624 + 45.6/(v + 260) \tag{1-4}$$

潮湿轨面 $$\mu = 0.0405 + 13.5/(v + 120) \tag{1-5}$$

公式适用范围： $v \leqslant 120$ km/h

黏着系数表明的是滑行发生的几率。黏着条件下，越远离黏着系数越不容易发生滑行，反之越易发生滑行。防止滑行的措施一般分为被动和主动。被动防滑是当检测到滑行发生后通过撒砂等途径消除滑行。主动防滑则是通过转速检测等措施判断滑行产生的趋势，然后通过调整牵引力或制动力的大小来防止滑行的产生。

在绪论中所介绍的制动种类中，大多数都是给轮对施加一个阻止转动的力矩，然后依靠轮轨接触处产生的黏着力来阻止车辆运行，起到制动作用，因此这类制动都称之为黏着制动。只有磁轨制动以及翼片制动等，是直接给以车辆制动力，与轮轨间的接触无关，这一类制动称为非黏着制动。

第四节　制动波和缓解波

一、空气波与空气波速

空气是弹性物质，制动管是个又细又长的空气通道，机车制动阀排出制动管的压力空气并使制动管减压时，产生的压降沿制动管由前向后扩散或称之为传播，空气压降的传播也是一种波，而且是一种与声波相似的空气波，但它不能向四周扩散，只能沿制动管向后定向传播。这种空气波通常又称为制动管减压波。

由于机车制动阀不断排风减压并向后传播，制动管内的压力空气不断膨胀，其压能不断转化为动能。因此，压力空气不断地由后向前流动，并由机车制动阀排往大气。必须注意，气体的这种流动与压降的传播不是一回事。压降的传播（制动管减压波）属于一种振动波，它按振动的规律，在媒介质（压力空气）的空间进行；压力空气在制动管内的流动则不是一种什么波，而是媒介质的一种连续运动，周围（管壁）阻力对它影响很大，空气流速比减压波速（空气波速）小得多，而且，减压时气流方向与压降波的传播方向也相反。

空气波速也可用试验的方法来测定。此时按下式计算：

$$w_{KB}=\frac{L_{KB}}{t_{KB}}\quad (m/s) \tag{1-6}$$

式中　L_{KB}——空气波传播距离；

t_{KB}——空气波传播时间。

试验表明，副风缸的逆流、三通阀主活塞向制动管侧的移动（把空气推回制动管）以及制动管的局部减压（制动管的附加排气），都对空气波速有影响。前两种因素使制动管的空气波速和减压波速都减小，制动管局减则可提高其空气波速和减压波速。

二、制动波与制动波速

由于空气波由前向后逐辆传播，如果三通阀的型式和灵敏度都一样的话，制动作用也会是沿列车长度方向由前向后逐辆发生的。所以人们比照空气波，把它也称之为“制动作用的传播”，简称为“制动波”。

实际上，阀的灵敏度受其结构性能和状态的影响，是不可能完全一样的，制动作用的发生不但是间歇性的而且也不是完全由前向后逐辆发生。列车中某一辆车或几辆车的制动作用有时可能比其后的车辆发生的晚，或者比它前面的车辆发生得早，即制动作用的发生有时是来回“跳”的。这说明制动波其实不是一种波，只是习惯称呼罢了。

因此，制动波速只能用试验的方法测定，并按下式计算：

$$W_{ZB}=\frac{L_{ZB}}{t_{ZB}+t_D}\quad (m/s) \tag{1-7}$$

式中　W_{ZB}——制动波速（m/s）；

L_{ZB}——制动传播距离（m）；

t_{ZB}——制动传播时间（s）；

t_D——三通阀动作时间（s）。

在单独评价车辆制动机时，为排除各种机车制动机的不同影响，制动波速有时不按全列车而只按单列来测定和计算，即制动波的传播距离和传播时间都由“机后”第一辆车的三通阀、控制阀或分配阀起算。

为区别这两种算法，包括机车的称为“列车制动波速”，不包括机车的称为“车列制动波速”。

制动波速是综合反映制动机性能的极其重要的指标，制动波速高，说明列车前后部制动作用的时间差小，即可减轻纵向冲动，又能缩短制动距离。

由式(1-7)可见，制动波速永远小于空气波速，这是因为制动波速要受三通阀、控制阀或分配阀的动作时间的影响。

三、缓解波与缓解波速

与制动波和制动波速相似，当司机操纵制动机进行缓解时，缓解作用沿制动管的长度方向由前向后逐次传播的现象称为缓解波，其传播速度称为缓解波速。

同样，缓解波速也受到空气波传播快慢、三通阀动作灵敏性及制动机性能好坏等因素的影响，所以提高缓解波速也成为提高制动机性能的目标之一。

复习思考题

1. 简述压缩空气物理特性对制动执行的影响。
2. 什么叫绝对压力和表压力？它们有什么关系？
3. 什么叫空气波和制动波？什么叫空气波速和制动波速？
4. 什么叫缓解波速？
5. 简述制动力的形成。
6. 什么叫黏着？影响黏着系数的因素有哪些？
7. 简述滑行产生的原因及通常采用的防止滑行的措施。

第二章 风源系统

在城轨车辆上，除空气制动需要压缩空气外，其他系统比如升弓、车门控制、空气弹簧、风笛等都需要压缩空气。因此城轨车辆上需要有一套产生压缩空气的装置，称为风源系统。现代列车上的风源系统是一套较为复杂的装置，该装置将完成压缩空气的产生、净化、干燥、储存以及压力控制的功能。通常现代城轨列车采用单元式设计，每个单元都有一套风源系统，一列车有两个以上单元，就有两个以上风源系统。相邻单元的主风管通过截断塞门、软管连通，并沟通了两单元的风源系统。

第一节 风源系统的组成

空气制动系统由风源系统、控制部分和执行部分三个主要部分组成，图(2-1)所示为上述三个部分的管路连接示意图。空气制动系统每节车上都有，而风源系统只有A车上装有。为完成压缩空气的产生、压力控制和处理，一般风源系统应包含如下部件：

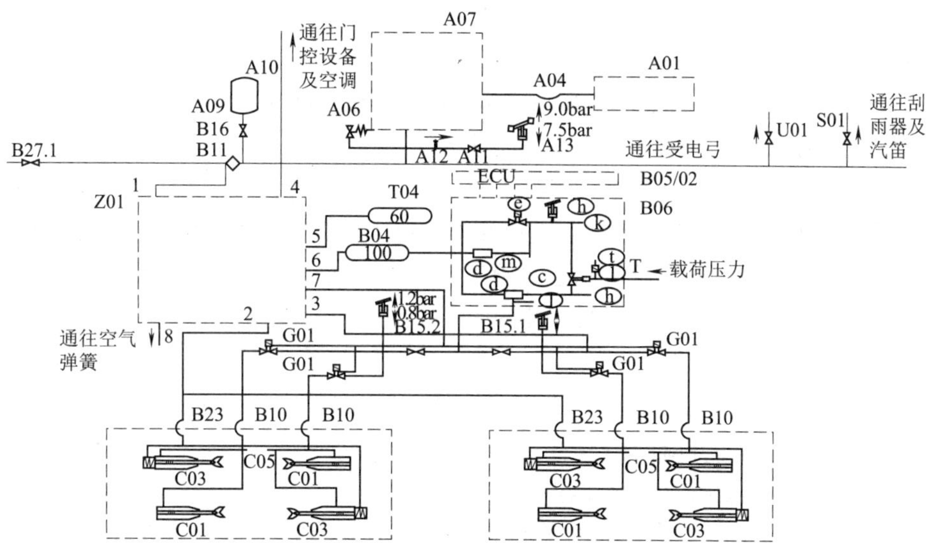

图 2-1 风管路系统连接示意图(A车)

注：空气控制屏Z01的接口1：与主风管相连，2：与踏面单元制动器的弹簧制动缸相连，3：与踏面单元制动器的制动缸相连，4：通往门控设备及空调，5：与门控风缸T04相连，6：与制动贮风缸B04相连，7：通往防滑阀G01的控制管路，8：通往空气弹簧整个空气系统采用模块化设计，集成安装，整体吊挂于车辆底架下部。

一、空气压缩机组(A01)

空气压缩机组用于产生车辆所需的压缩空气。一般包含驱动电机和空压机两部分,驱动电机由微机制动控制单元(BCE)根据需要控制其启、停。

二、空气干燥器(A07)

空气干燥器用于去除压缩空气中的水、油、灰尘及杂质等。清洁干燥的压缩空气能保证气压设备的使用效率,并延长其使用寿命。城轨车辆上所采用的干燥器是无热再生式,可连续工作的干燥器。

三、风　　缸

风缸用于储存压缩空气,并稳定系统压力。由于城轨车辆空间限制和运用要求,系统中设置了多个风缸,每个风缸的容积均不大。一般每个车辆包括一个主风缸(A10),一个制动风缸(B04),一个门控风缸(T04),一个空气簧风缸等。

四、总风压力传感器(A13)

总风压力传感器用于检测风源系统压力,检测数据送入 BCE。当风源压力过低时,BCE 启动空压机,给系统补风,保证运用。当风源压力达到上限后,BCE 停止空压机,防止压力过高损坏气压部件。

五、高压安全阀(A04)

高压安全阀一般设置于空压机出风口,当后续管路因故障堵塞或空压机控制环节故障,风源系统压力高于限定值,而空压机没有停机时,及时开通排气通路,防止压力上升损坏设备和伤人。高压安全阀是所有压力系统必备的安全设备。

其他管路部件,如压力表、塞门、止回阀、接头及钢管等。

风源系统产生的压缩空气,通过主风管首先送到 250 L 的主风缸储存,然后分别送到本车以及其他没有风源系统的车辆。从主风管来的压力空气,经接口 1 首先进入空气控制屏,再由空气控制屏将压缩空气分配到各个用风设备。空气控制屏如图 2-2 所示。

1. 制动控制元件

B02——截断塞门,可用来切除制动系统管路与主风管的通路,便于测试与检修;

B03——止回阀,防止制动系统管路的压力空气逆流;

B07——压力测试点,从此处可以得到主风管压力;

B08——压力开关,用于监控主风管压力,当主风管压力低于 600 kPa 时,列车将自动实施紧急制动,并牵引封锁,当主风管压力高于 700 kPa 时,列车解除牵引封锁;

B12——减压阀,将主风管压力空气减压至 630 kPa;

B19——脉冲阀,用于控制停放制动的施加与缓解;

B20——双向阀,防止常用制动与停放制动同时施加时而造成制动力过大;

B21——压力开关,用于控制停放制动指示灯的动作,当压力低于 350 kPa 时,停放制动

指示灯(蓝灯)亮,表示停放制动已施加,当压力高于 450 kPa 时,停放制动指示灯(蓝灯)灭,表示停放制动已缓解;

B22——压力测试点,从此处可以得到停放制动的压力。

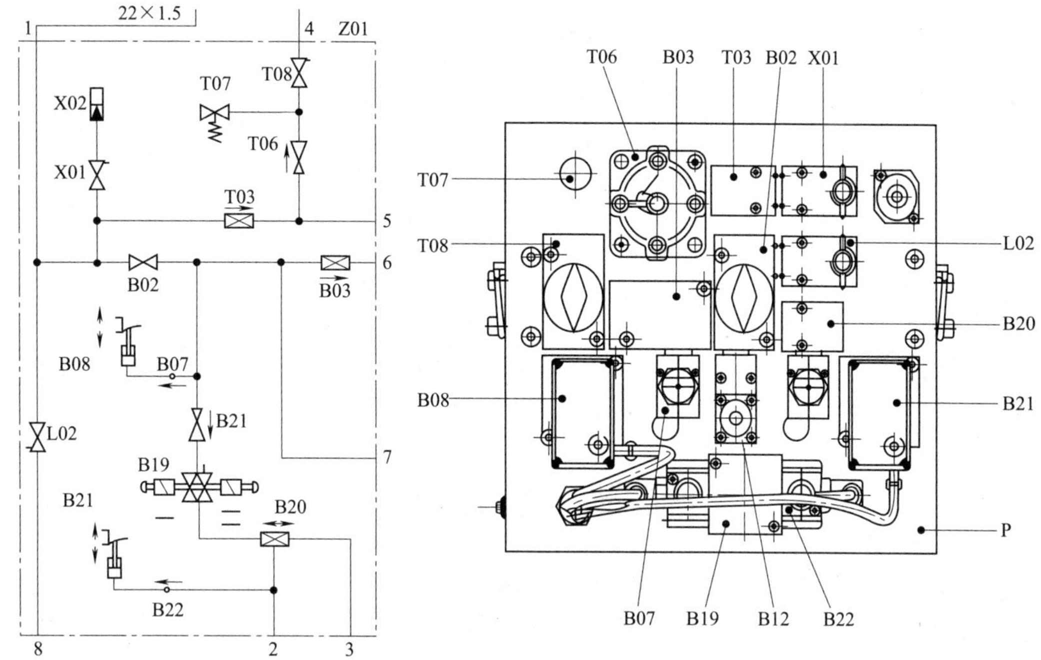

图 2-2 空气控制元件

2. 车门控制元件

T03——止回阀,防止车门控制系统管路的压力空气逆流;

T06——减压阀,将主风管压力空气减压至 350 kPa,供车门控制系统用;

T07——安全阀,防止车门控制系统压力过大;

T08——截断塞门,可用来切除车门控制系统管路与主风管的通路,便于测试与检修。

3. 空气弹簧控制元件

L02——截断塞门,可用来切除空气弹簧控制系统管路与主风管的通路,便于测试与检修。

4. 车间外接供气元件

X01——截断塞门,可用来切除车间外接供气管路与主风管的通路;

X02——车间外接供气快速接头。

图 2-3 所示为每个车的空气弹簧管路,空气控制屏输出的压缩空气由 L01 进入,经滤清器(L02)处理,溢流器(L03)限压力,供给空气弹簧风缸(L04),最终充入各转向架的空气簧(L12)。L07 为高度阀限制车体与转向架的距离,L08 为压差阀限制同一转向架上两个空气簧之间的压力差。

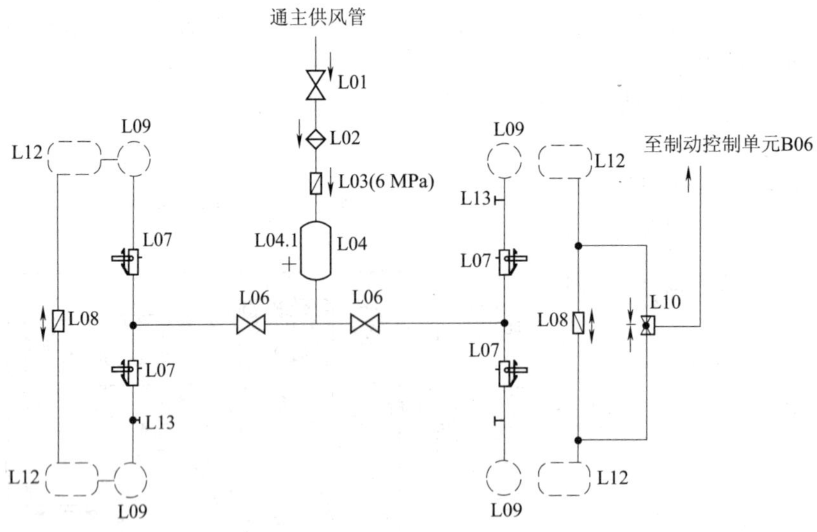

图 2-3 空气簧管路

第二节 空气压缩机

城轨车辆上采用的空气压缩机分为活塞式和螺杆式两种。从工作原理上来说，两种空压机均属于容积式压缩机，即工作中都要形成一个密闭的容器，工作过程是靠改变其容器的体积而形成压缩空气的。

一、活塞式空气压缩机

活塞式空气压缩机由固定机构、运动机构、进排气机构、中间冷却装置和润滑装置等几部分组成。其中，固定机构包括机体、气缸、气缸盖；运动机构包括曲轴、连杆、活塞；进排气机构包括空气滤清器、气阀；中间冷却装置包括中间冷却器、冷却风扇；润滑装置包括润滑油泵、润滑油路等，如图 2-4 所示。

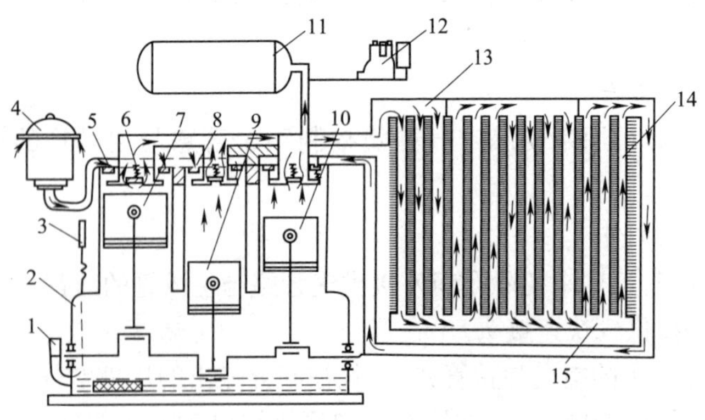

图 2-4 活塞式空气压缩机结构图

1—润滑油泵；2—体；3—油压表；4—空气滤清器；5、8—进气阀片；6—排气阀片；7、9—低压活塞；10—高压活塞；11—主风缸；12—压力控制器；13—上集气箱；14—散热管；15—下集气箱活塞式空气压缩机由电机通过联轴节驱动空压机曲轴转动，曲柄连杆机构带动高、低压缸活塞同时在气缸内做上下往复运动。由于曲柄中部的三个轴颈在轴向平面内互成120°，两个低压活塞和一个高压活塞分别相隔120°转角。当低压活塞下行时，活塞顶面与缸盖形成真空，经空气滤清器的大气推开进气阀门，进入低压汽缸，此时排气阀在弹簧和中冷器内空气压力的作用下关闭。当低压活塞上行时，气缸内的空气被压缩，其压力大于排气阀片上方压力与排气弹簧的弹力之和时，压缩排气阀弹簧推开排气阀片，具有一定压力的空气排出缸外，而进气阀片在气缸内压力及其弹簧的作用下关闭。两个低压缸送出的低压空气，都经过气缸盖的统一通道进入中冷器。经中冷器冷却后，再进入高压缸，进行第二次压缩，压缩后的空气经排气阀口、主风管路送入主风缸储存。高压活塞的进排气作用与低压活塞的进排气作用相同。

1. 城轨车辆用活塞式空压机

(1)VV120/150-1 型活塞式空压机

广州地铁三号线列车的制动供风系统使用了克诺尔制造的 VV120/150-1 空气压缩机，每列车在 A、C 车上都配备了 1 台空压机，此空压机由 380 V/50 Hz 三相交流电机驱动，其排气量为 920 L/min，输出压力为 1 000 kPa，转速 1 450 r/min，气缸排列为 W 型，采用风扇冷却的 3 缸 2 级活塞，具有噪声低(距离 3～6 m 处的噪声仅为 64 dB，1 m 处的噪声为 76 dB)、体积小、重量轻、结构紧凑等特点。该机组有两个低压气缸和一个高压气缸。在压缩机上直接安装有一个集成的风扇冷却器，以降低压缩机组出口处的温度。外界空气通过集成式干燥空气过滤器提供。

空气压缩机有一个集成的内冷却器和二次冷却器。空气在通过内冷却器前已进行了预压缩，此空气送到高压缸进行下一步的压缩，直到最后的压力。最后压缩空气再次被送入冷却器，为空气干燥器提供了最佳的工作条件。连接压缩机和空气干燥器的高压软管的上安装有一个安全阀。

冷凝风扇装有黏性联轴器。因此根据环境温度和压缩机出口温度可以连续自动地进行冷却调节。这种结构保证了压缩机在良好的工作温度下运行。同时黏性联轴器作为离合器，当物体卡住风扇，离合器就会打滑，避免损坏了。

(2)VV230/180-2 型空压机

该空压机排气量为 1 500 L/min，输出压力为 1 100 kPa，转速为 1 520 r/min，用 1 500 V 直流电动机通过弹性联轴节直接驱动。

VV230/180-2 型空气压缩机共有四个气缸，分两段压缩，低压压缩和高压压缩。

低压压缩是将外界大气压缩至 260 kPa 左右，然后再进入高压压缩将压力提高至 1 000 kPa。低压段为三个气缸，其气缸直径为 95 mm；高压段为一个气缸，其气缸直径 85 mm。每个气缸顶部都设有进气阀和排气阀，外界大气通过设在空气压缩机进气口处的油浴式过滤器的净化后，被吸入低压气缸进行压缩。为了提高压缩效率，将低压缸输出的压力空气送到中间冷却器，经过冷却后的低压空气再送至高压缸再作进一步的压缩，直至得到压力符合要求的压缩空气。

压缩机运行时，其气缸的润滑是依靠烧焊在曲轴上的小铁片将曲轴箱内的机油刮起，飞溅到气缸壁上来润滑的，这种润滑方式称为飞溅润滑。正因为采用了这种润滑方式而使空气压缩机输出的压缩空气含有一定量的油分。

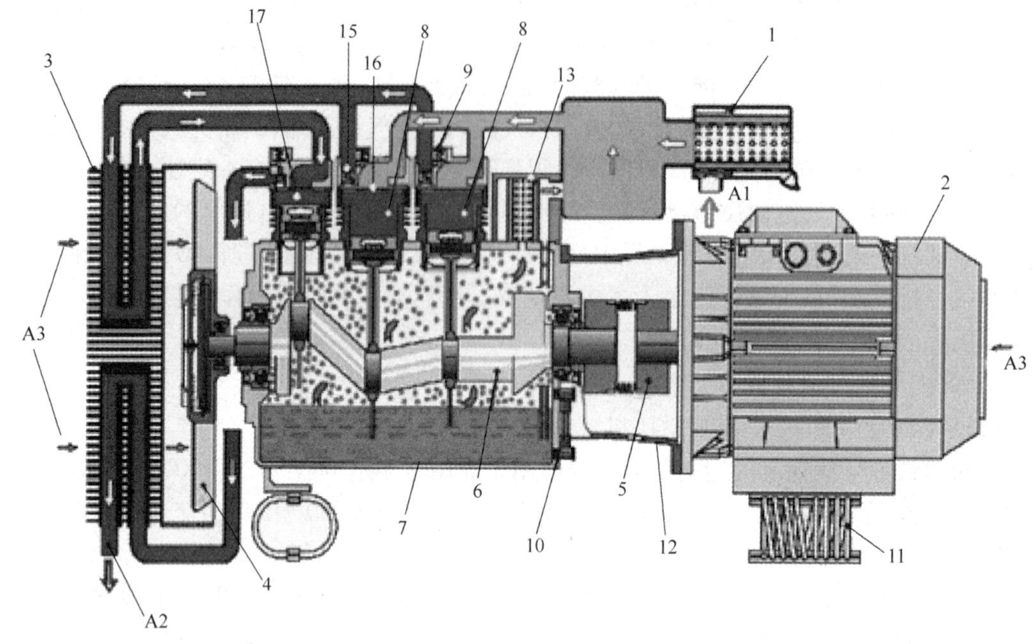

图 2-5　VV120 活塞式空压机

1—空气过滤器；2—电机；3—冷却器；4—风轮＋黏性联轴节；5—联轴节；6—机轴；7—机轴箱；8—低压气缸；9—安全阀；10—油表管；11—弹簧组；12—中间法兰；13—油环；15—供给阀；16—吸气阀；17—高压气缸；A1—空气入口；A2—空气出口；A3—冷却空气

VV230/180-2 空气压缩机在直流电动机的直接驱动下以 1 520 r/min 的速度旋转，每分钟可提供 1 MPa 的压缩空气 1 500 L。

另外，它采用过滤纸过滤，效果较油浴式过滤器好，但应用成本较高。冷却风扇的叶片不直接安装在曲轴端头，是通过温控液力联轴节连接的。该联轴节同 VV120/150-1 型活塞空压机相同，在温度较低时，联轴节内的液体黏度很低，不传递转矩。使用这种联轴节可节约空气压缩机的能源。

2. 活塞式空压机的维护与检修

活塞式空压机具有技术成熟，日常使用维护要求低，检修成本低，可修复率高等特点。

(1)活塞式空压机日常维护主要内容：

①勤看各指示仪表，如各级压力表、油压表等，注意润滑情况，如润滑油的油位和油质。

②勤听机器运转的声音。如气阀、活塞、曲轴及轴承等部位的声音是否正常。

③勤摸各部位，观察压缩机的温度变化和振动情况。如油温、运转中机件温度和振动情况等，从而及早发现不正常的温升和机件的紧固情况。但要注意安全。

④勤检查整个机器设备的工作情况是否正常，发现问题及时处理。

⑤保持压缩机的清洁，定时开启中冷器上的排水阀排出冷凝水，机车长时间停放时应清空冷凝水。

⑥认真负责地填写机器运转记录表，做好交接班工作。

(2)另外空压机的定期维护：

①每 800 h 清洗气阀一次，清除阀座、阀盖积碳，清洗润滑油过滤器、过滤网，对运动机构做一次检查。

②每 1 200 h 清洗滤清器一次。装在尘埃多的地方滤清器要清洗，以减少气缸磨损。

③每 2 000 h 将机油过滤一次，除去金属屑及灰尘杂质。如果油发生变质乳化，应换油，轴瓦应刮调一次。对整台机器的间隙进行一次全面的检查。

(3)空气压缩机运行 20 000～26 000 h 则进行一次大修，大修的工艺过程如下：

①空压机的分解

a. 先把空压机组从车体上拆下；

b. 然后将空压机与电机解体；

c. 分解空压机。

②清洗

清洗要点是分类进行，金属件用碱性清洁剂清洗，橡胶件用温热的肥皂水清洗和清水漂洗，最后所有部件用压缩空气吹干待用。

③检查

a. 所有部件进行外观目测检查，看是否有变形、缺陷和损坏；

b. 关键尺寸用仪器进行检查，例如气缸直径、曲轴颈直径等；

c. 关键件进行探伤检查，判断损伤状态，如：曲轴、连杆等。

对于检查不达标的零件，视情况给予修复或更换。

④组装

按组装工艺进行组装，对需润滑的运动件进行润滑，完成后添加适量的机油。

⑤试验

对空压机组进行运行、负载、排气温度及排气量的试验，以确定大修后空压机是否正常，以及空压机性能是否满足需要。

二、螺杆式空气压缩机

螺杆空压机是通过两相互啮合的螺杆副以及机体形成密闭容积，并压缩该容积，进行工作的。两螺杆一个是阳转子一个是阴转子，电机驱动阳转子，通过啮合带动阴转子转动。

螺杆式空气压缩机具有以下特点：①噪声小、振动小。②可靠性高和寿命长。③维护简单。

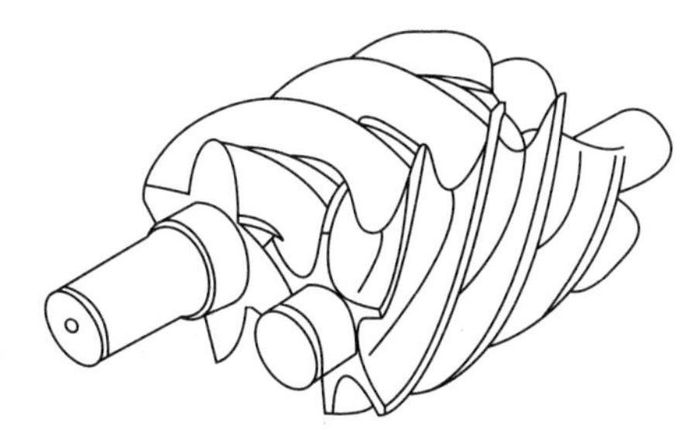

图 2-6　螺杆式空气压缩机的螺杆副

(一)螺杆式空压机的工作原理

螺杆式空气压缩机的工作原理分三个部分：压缩机的吸气、压缩、排气三个阶段。

1. 吸气过程

随着转子的运动，齿的一端逐渐脱离啮合而形成了齿间容积，这个齿间容积的扩大在其内部形成了一定的真空，而此时该齿间容积仅仅与吸气口连通，因此气体便在压差作用下流入其中。在随后的转子旋转过程中，阳转子的齿不断地从阴转子的齿槽中脱离出来，此时齿间容积也不断地扩大，并与吸气口保持连通。随着转子的旋转齿间容积达到了最大值，并在此位置齿间容积与吸气口断开，吸气过程结束。

吸气过程结束的同时阴阳转子的齿峰与机壳密封，齿槽内的气体被转子齿和机壳包围在一个封闭的空间中，即封闭过程。

2. 压缩过程

随着转子的旋转，齿间容积由于转子齿的啮合而不断减少，被密封在齿间容积中的气体所占据的体积也随之减少，导致气体压力升高，从而实现气体的压缩过程。压缩过程可一直持续到齿间容积即将与排气口连通之前。

3. 排气过程

齿间容积与排气口连通后即开始排气过程，随着齿间容积的不断缩小，具有内压缩终了压力的气体逐渐通过排气口被排出，这一过程一直持续到齿末端的型线完全啮合为止，此时齿间容积内的气体通过排气口被完全排出，封闭的齿间容积的体积将变为零。

螺杆式空气压缩机的工作循环，是在啮合的螺杆齿和齿沟间，一个接一个周而复始连续不断地进行的。而且它的压缩过程只是当齿沟里的空气被排挤进排气腔的过程中才完成的，所以没有像活塞式压缩机那样的振动和排气阀启闭形成的冲击噪声，排气压力脉动性小。

螺杆空压机系统包括空气系统、润滑系统和冷却系统，图 2-7 为螺杆空压机各系统流程详图。

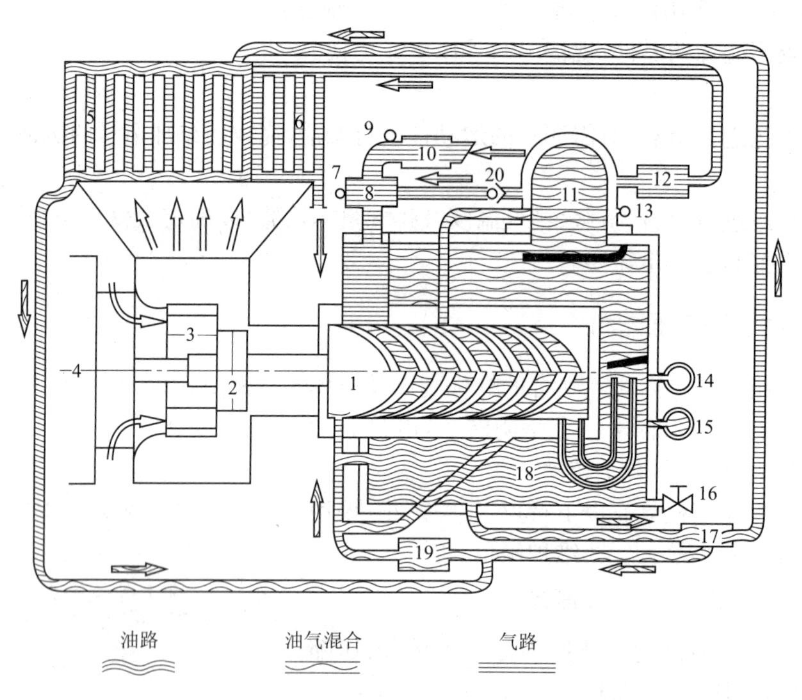

图 2-7 螺杆式空气压缩机系统流程图

1—螺杆式空气压缩机；2—联轴器；3—冷却风机；4—电动机；5—空、油冷却器(机油冷却单元)；
6—冷却器(压缩空气后冷单元)；7—压力开关；8—进气阀；9—真空指示器；
10—空气滤清器；11—油细分离器；12—最小压力维持阀；13—安全阀；14—温度开关；15—视油镜；
16—泄油阀；17—温度控制阀；18—油气筒组成；19—机油过滤器；20—逆止阀

(二)螺杆式空压机工作过程及主要部件

1. 系统工作过程

当电机带动主机运转时,外界空气经空气滤清器除尘后经进气控制阀进入主机,被压缩后的油、气混合物进入分离油筒进行油、气粗分离,分离后含少量油的压缩空气再经油、气细分离器分离,分离后的压缩空气经最小压力维持阀后再经冷却器冷却后供给车使用。油、气细分离器分离出的少量润滑油经止回阀喷入主机,经分离油筒进行油、气粗分离后的润滑油在压力作用下进入温控阀和机油过滤器,当油温小于 83 ℃时,这些润滑油直接喷入主机。当油温大于 83 ℃且小于 110 ℃时,润滑油经冷却器冷却后再喷入主机;当润滑油温大于 110 ℃时,空压机将会停机。

2. 空气系统及主要部件

空气系统由空气滤清器、进气控制阀、安全保护压力开关、主机、分离油筒、油气细分离器、最小压力维持阀、冷却器、安全阀及管道等组成。

(1)空气滤清器(图 2-8)。空气滤清器为干式纸质过滤器,过滤纸细孔约为 10 μm 左右。空气过滤器座上装有真空指示器(图 2-9)。指示器显示红色或箭头指向 5.0 kPa 时应清洁空气滤清器和倒掉后盖内尘土,清除的办法为使用低压空气将尘埃由内向外吹出,若发现灰尘堵塞严重或滤纸破损,则应及时更换滤芯。重新装上空滤器后,按下指示器顶端的复位按钮(PRESS TO RESET)复位。

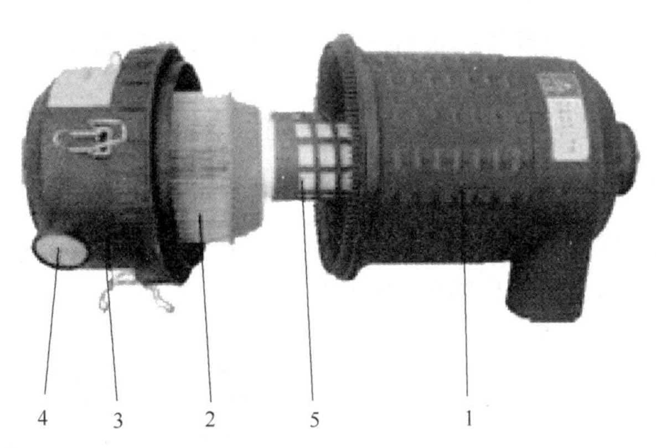

图 2-8 空气滤清器示意图

1—外壳;2—空滤芯;3—后盖;4—集尘器;5—安全滤芯

图 2-9 真空指示器

(2)进气控制阀(图 2-10)。该进气控制阀专门用于间歇工作的螺杆式空压机,其作用是对主机工作负荷进行控制,是保证主机无负荷启动的关键部件。主要由两部分组成:

①进气止回阀。当空压机停机时,在弹簧力的作用下,阀门被迅速推向阀座,关闭进气通道;防止从油气桶回流至进气阀的含油空气流入大气。同时也能避免因空气倒流造成空压机转子反转。

②卸压阀。当压缩机停机后，该阀能在很短时间（约 14 s）内将油气桶内的压力卸至 0.3 MPa以下，以保证空压机在低负荷下再次起动，有利于电机长期地正常工作。

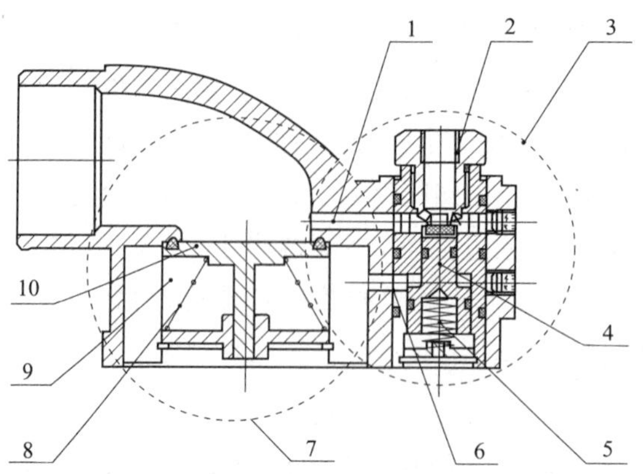

图 2-10　进气阀结构示意图

1—通道；2—泄压口；3—泄压阀；4—活塞；5—弹簧；
6—通道；7—进气止回阀；8—弹簧；9—进气腔；10—阀板

（3）安全保护压力开关。当出现主机转动方向错误或主机内没有完全卸压时就启动主机这两种情况时，安全保护压力开关就会动作，切断电路，停机以保护空压机。正常工作时，进气口为轻微负压，保护开关闭合；停机时，由于回流作用，保护开关断开电机电路，直到卸压至 0.35 MPa 时，才可重新启动空压机，其外形如图 2-11 所示。

（4）主机。主机用来压缩空气，它是空压机最重要的部件。它是由机壳、一对相互啮合的转子、轴承及轴封等组成。

（5）油气筒（图 2-12）。油气筒筒侧装有示油镜，空压机停机 5 min 后观察，润滑油油位应在示油镜的上限与下限之间。油气筒下方装有放油阀，应在城轨车辆每次出库前略微打开泄油阀以排除油气筒内的凝结水，筒另一侧有加油孔可供加油用。由于油气筒之宽大截面，可使压缩空气流速减小，油滴分离，这是第一阶段的除油。

图 2-11　压力开关

图 2-12　油气筒

（6）油气细分离器。油气细分离器滤芯是用多层细密玻璃纤维制成，压缩空气中所含雾状油气经过油细分离器几乎可被完全滤去，油颗粒大小可控制在0.1 μm以下，排气含油量则可低于5 mg/L。正常运转下，油气细分离器可使用约2 000～3 000工作小时，润滑油的油品及周围环境的污染程度对其寿命影响甚大，如果环境污染甚为严重，可考虑加装前置空气过滤器。至于润滑油的选择，必须采用厂家所推荐的牌号，最忌使用假油或再制油。油气细分离器出口装有安全阀、最小压力维持阀，压缩空气由最小压力维持阀引出，通至冷却器。油气细分离器滤下的油集中于其中央的小圆槽内，再由一回油管回流至油气筒，可避免已被过滤的润滑油再随空气排出。图2-13是油气细分离器外形图。

(7)最小压力维持阀。最小压力维持阀作用是维持润滑油的循环压力。图2-14所示是最小压力阀的结构示意图。空压机启动时(此阀处于关闭状态)系统很快建立起润滑油循环所需压力，以确保空压机各运转部件的润滑。当系统压力超过设定压力时，该阀开启供气，以保证气体流过油气细分离器的最佳流速和分离效果，并避免压差过大损坏滤芯。此外还有止回功能，当卸载或停机时防止系统压缩空气倒流损坏主机。

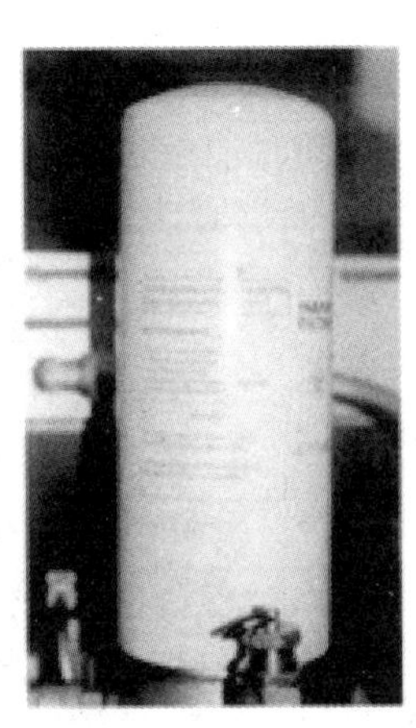

图2-13　油气细分离器

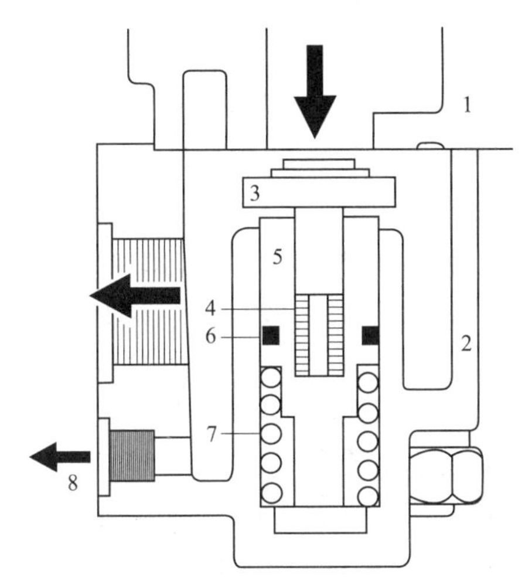

图2-14　最小压力阀结构示意图

(8)安全阀(图2-15)。当车辆上的主风管压力开关调节不当或失灵而致使油气筒内压力比额定排气压力高出0.1 MPa以上时，安全阀即会自动起跳而泄压，使压力降至设定的排气压力以下。

图2-15　安全阀

3. 润滑系统及主要部件

润滑系统为主机提供润滑和冷却。润滑油是通过最小压力维持阀建立的压力与主机低压端的压力差自行循环工作的。当油温低于83 ℃时，来自分离油筒的润滑油通过温控阀和机油过滤器，直接喷入主机。当油温高于83 ℃且小于110 ℃时，润滑油经温控阀、机油过滤器到油冷却器冷却后再喷入主机。主机排出的油、气混合物中的润滑油经分离后供循环使用。

润滑系统由油气细分离器、温控阀、温度开关、机油过滤器、油冷却器、视油镜及回油管等组成。油气细分离器在空气系统部件中已介绍，其他部件如下：

(1)温控阀。温控阀的作用是自动控制主机的进油温度，使排气温度维持在压力露点温度之上，并在油温过高时，开通到油冷却器的通路对油进行冷却。当油温低于 83 ℃时，温控阀主通路关闭旁路打开，油从分离油筒经温控阀旁路流入机油过滤器后，直接喷入主机。当油温高于 83 ℃时，温控阀的主通路打开，油经分离油筒、温控阀主通路后进入油冷却器冷却后，再流入机油过滤器后喷入主机。

(2)温度开关。在失油、油量不足、冷却不良等情况下，均可能导致排气温度过高。当排气温度达到温度开关所设定之温度值时，则温度开关断开而停机。一般温度开关设定值为 110 ℃。在出厂前即已调好，不可随意调整。检查温度开关时，拔下温度开关上的电线护套，用电阻表测量温控阀两接线柱间的电阻，在温度没有达到 110 ℃时，该电阻为零。

(3)机油过滤器。机油过滤器是一种纸质的过滤器，其功能为除去油中之杂质，如：金属微粒、油之劣化物等。对轴承及转子有完善的保护作用。

当长期使用或油中杂质过多造成机油过滤器堵塞时，会使过滤效率下降，若不及时更换，则可能导致润滑油量不足，造成排气温度升高，以致停机；同时油量不足会影响轴承的使用寿命。因此，应定期检查或更换机油过滤器。

图 2-16　油过滤器

(4)油冷却器。油冷却器的作用是降低润滑油温度。油冷却器的翅片易受灰尘覆盖而影响冷却效果，可能导致排气温度过高而停机。应定期检查冷却器表面冷却风道是否被杂物、尘土等堵塞。因此每隔一段时间应该用压缩空气反吹或清洗其表面的冷却风道，以确保其冷却效果。

(5)视油镜。通过视油镜可以观察润滑油位，了解润滑油量的情况。由于润滑油量不足，可能对主机的转子造成严重的损坏，因此要经常检查润滑油油位，保持润滑油油位在规定范围内。

4. 冷却系统及主要部件

冷却系统由联轴器、法兰、风扇叶轮、蜗壳、连接箱、冷却器组成。梅花状弹性联轴器装在电机和主机轴上，起传递扭矩作用。风扇叶轮装在法兰，并一起装在电机轴上。冷却空气由风扇叶轮吸入，由蜗壳、连接箱导向吹过冷却器的冷却翅片，同时冷却压缩空气及润滑油。

(三)螺杆式空压机的维护与保养

对于螺杆式空压机来说，其维护简单，但要求维护要定时到位，否则易造成空压机机头的损坏，一旦损坏后螺杆空压机的可修性很差。其维护要点主要是润滑油和“三滤”的更换。要经常检查润滑油油位，保持润滑油油位在规定范围内。若缺油时，打开加油盖添加新油。影响换油周期的因素如下：

(1)通风不良,环境温度太高;

(2)环境相对湿度高;

(3)环境灰尘多;

(4)不同的机油混用。

润滑油的更换按如下步骤进行:

(1)将空压机运转,使油温上升,以利排放,然后关机,并将机内空气压力排至大气压力为止。

(2)放好盛油桶,拧下放油阀螺堵,就可以放油了。同时请注意由于此时油的温度较高,请避免被油烫伤。放油时应注意必须将系统内所有的润滑油放光,如管路、冷却器、底座等。

(3)润滑油泄净后,旋上放油阀螺堵,打开加油盖并注入新油。

若第一次使用螺杆式空压机,可以在空压机运行 500 工作小时后,进行一次换油。以后换油时间取决于环境、湿度、尘埃和空气中是否有酸碱气体等,一般而言,机车每行走 45 万 km 更换一次或视具体情况而定。

切忌让润滑油超过油品的使用寿命,油品应按时更换,否则油品的品质下降,润滑性不良,容易造成高温停机现象;同时因为油品的燃点下降,也易形成油品自燃而致使空压机烧毁。

空压机在中修时,建议最好使用润滑油做一次油"系统清洁"工作,其作法为:当更换新润滑油后,让空压机运转 6~8 h,立即再更换润滑油,使原系统中残存的各种有机成分可以被清洁干净,再度更换的润滑油就有较佳的使用寿命。

螺杆式空压机"三滤"更换方法:

①关停空压机;

②确定系统已无压力;

③将油气细分离器或油过滤器拆下后更换新品。

清理冷却器清理的方法步骤如下:

(1)冷却器冷侧表面灰尘的清除

先将冷却器管路卸下,放净冷却器内的油,并将四个进出口封闭,防止污物进入;然后用压缩空气吹除两面的灰尘,或用自来水冲洗后,吹干表面水渍。切勿用铁刷等硬物刮除污物,以免损坏冷却片表面。

(2)冷却器热侧通道的清洗

①空气冷却器热侧通道用四氯化碳或热水(50 ℃左右)清洗,清洗液的流动方向最好与压缩空气气流方向相反,清洗后再用压缩空气吹干。

②油冷却器热侧除用四氯化碳或热水(50 ℃左右)清洗外,还可用含 0.15%重铬酸钾溶液,或 0.4%的碳酸钠溶液和 0.15%硅酸钠溶液清洗,清洗后再用压缩空气吹干。

③清洗时应使用洁净的布,切勿用棉纱,以免堵塞通路。禁止使用汽油、煤油或其他易燃液体清洗。

(3)清洗后一定要吹净冷却器表面的水渍,并向四个进出口内吹压缩空气,将内部污物吹出后再进行组装。

第三节　风源系统附件

一、风　　缸

风缸作为压力容器，其设计、制造、试验、验收、存放、安装及使用都有严格的标准要求。一般在制造、试验完成后应在其铭牌上标明风缸的基本参数制造单位、日期以及试验验收的时间等。关于风缸的使用应注意以下内容：

(1)严禁重物敲击；

(2)严禁电焊和搭接地线；

(3)注意避开热源；

(4)定期开放排水塞门。

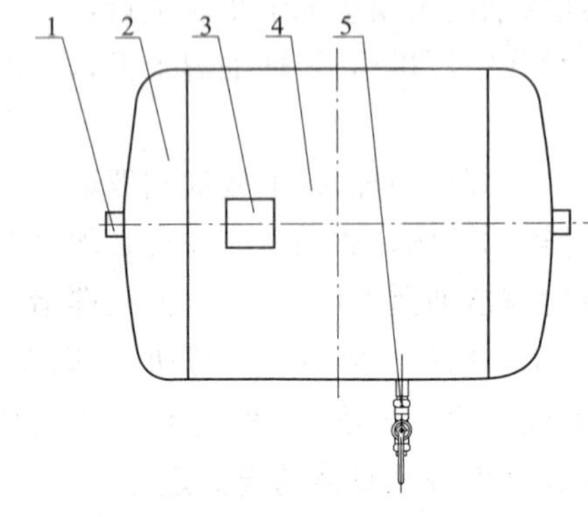

图 2-17　风缸

1—管座；2—端盖；3—铭牌；4—筒体；5—排水阀及座

二、高压安全阀

城轨车辆的风源系统压力，是由 BCE 根据压力传感器反馈的压力信号进行控制的。一般城轨车辆的风源系统压力不大于 1 000 kPa。如果上述控制系统出现故障后，有可能使风源系统的压力超高。作为一个压力系统，超过工作压力的运行是非常危险的，因此城轨车辆上还根据压力系统的惯例，设置了高压安全阀。

安全阀的结构如图 2-18 所示，在它中间的顶杆是个导向杆，底部的阀口可以上下滑动。调整螺母将一个弹簧压在阀门上面，弹簧压力使阀口关闭，弹簧压力可由调整螺母调节。当空气压力超过规定压力时，则空气压力抵消弹簧压力，将阀口顶开，释放压力空气。有时空气压力没有超过规定压力，但需要释放压力，也可以用工具向上拔起阀杆，即可打开阀口。

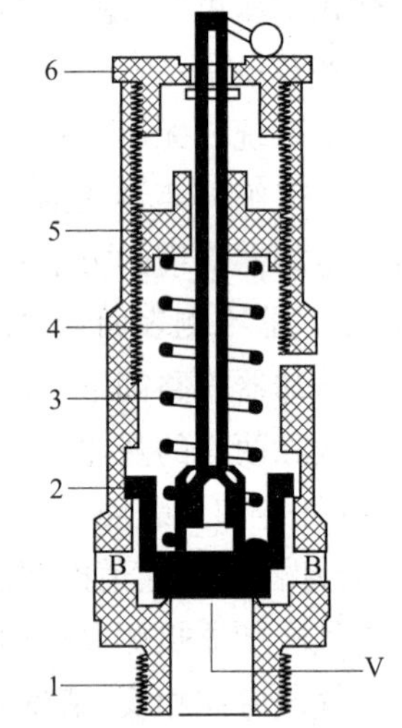

图 2-18　高压安全阀

1—阀体；2—活塞；3—弹簧；4—顶杆；5—调节螺母；6—上盖；B—排气口；V—阀口

三、压 力 表

在司机操纵台安装有压力表，用以显示主风管和制动缸管的压力，为运用和调试提供直接的压力数据。

压力表与支管间装一个小塞门，以便修换压力表时可切断空气通路。压力表内部为一条圆弧形的扁铜管，一端和制动支管连接，另一端扁管尖端连结连杆、杠杆和扇形齿轮，表中央部分安装一个和扇形齿轮啮合小齿轮，小齿轮中央有固定轴，轴上安压力表指针，小齿轮轴上安有一卷弹簧(游丝)，故当管内失去风压后，指针依其弹力作用也可恢复原位,指针和小齿轮间设有一块带有刻度和字码的表盘。有的车辆也采用双针压力表,一块表能显示两个压力,其结构类似于单针表。

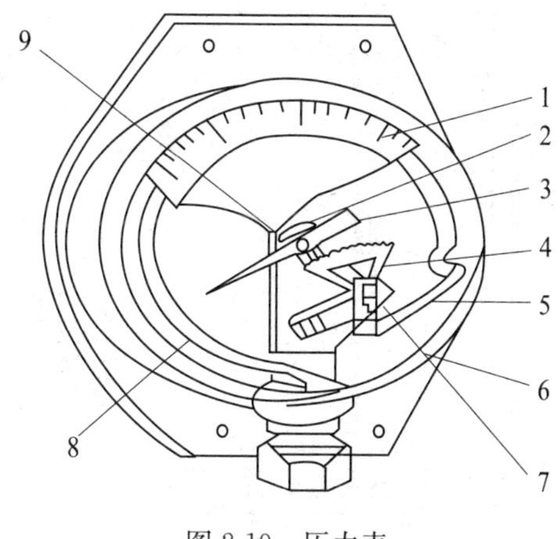

图 2-19 压力表

1—刻度盘;2—小齿轮;3—指针;4—扇形齿轮;5—连杆;6—压力表框;7—杠杆;8—扁铜管;9—弹簧

四、空气干燥器

空气压缩机输出的压缩空气中含有较高的水分、油分和机械杂质等,必须经过空气干燥器将其中的水分,油分和机械杂质除去,才能达到车辆上用风设备对压缩空气的要求。其中液态的水,油微粒及机械杂质在滤清器中基本被除去,压缩空气的相对湿度降低是避免用风过程中出现冷凝水危害的主要方式,它依靠空气干燥器来完成。

空气干燥器一般都做成塔式的,有单塔和双塔两种。单塔干燥器结构简单,工作可靠,但不能连续工作。双塔干燥器能够连续工作。

单塔空气干燥器工作过程:空气压缩机工作时,电空阀 13 失电,活塞下方通过排气阀 15 排向大气,活塞 12 在弹簧力作用下关闭排泄阀 9。而空压机输出的压力空气从干燥塔中部的进口管Ⅰ进入干燥塔,首先到达油水分离器。当含有油分和机械杂质的压缩空气经过"拉希格"圈时,油滴吸附在"拉希格"圈的缝隙中,机械杂质则不能通过"拉希格"圈的缝隙,这样就将压缩空气中的油分和机械杂质滤去。然后再进入干燥筒内与吸附剂相遇,吸附剂大量地吸收水分,使从干燥筒上方输出的压缩空气的相对湿度降低,达到车辆用风系统的要求。如图 2-20 所示的干燥筒下方 1/4 高度处为装有"拉希格"圈 8 的油水分离器,而上方 3/4 高度处为装有吸附剂 6 的空气干燥筒 1。经过干燥的压力空气,一路经过接口Ⅱ及单向阀 3 送往主风缸,单向阀的作用是防止压力空气从主风缸逆流;另一路经节流孔 19 充入再生风缸 18。

空压机停机时,电空阀 13 得电,活塞 12 下方通入压力空气。活塞上移,排泄阀 9 开放,油水分离器内沉积于底部的液态的油和水,通过排泄阀排出。随着干燥塔内的压力降低,再生风缸内干燥的压缩空气逆流回干燥塔内,自上而下的流过干燥剂,并带走干燥剂中的水分,也从排泄阀排出。当活塞 12 下方的压力降低至 30 kPa 时,活塞在上侧弹簧的作用下关闭，完成再生过程。

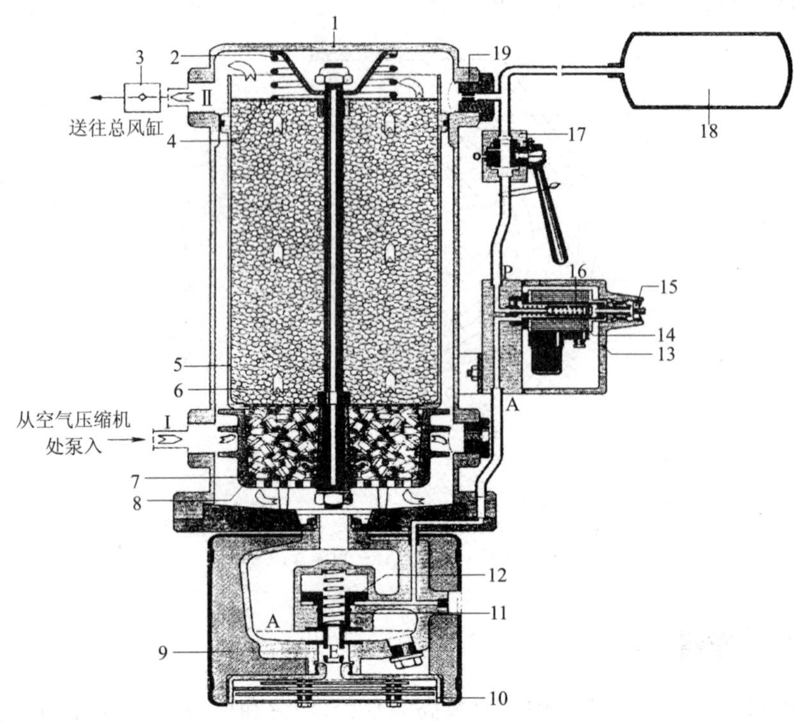

图 2-20　单塔空气干燥器

1—空气干燥筒；2—弹簧；3—单向阀；4—带孔挡板；5—干燥筒筒体；6—吸附剂；7—油水分离器；8—拉稀格圈；9—排泄阀；10—消音器；11—弹簧；12—活塞；13—电空阀；14—线圈；15—排气阀；16—衔铁；17—带排气的截断塞门；18—再生储风缸；19—节流孔

如果空气压缩机的排气量较小，空压机停止工作的间隙不能满足单塔式干燥器再生所需的时间，则可选用双塔式空气干燥器。双塔干燥器具有两个干燥塔，当一个干燥塔在干燥吸附的同时，另一个干燥塔在再生。当一个工作周期后，两塔状态转换。因此无需专门的停机再生时间，可以连续工作。

工作原理：如图 2-21 所示。双塔干燥器工作为干燥与再生两个工况同时进行，压力空气在 a 塔中流过并干燥时，b 塔中的吸附剂进行再生。从空气压缩机输出的压力空气首先经过装有“拉希格”圈的油水分离器，除去空气中的液态油、水、尘埃等。然后，压力空气再流过干燥塔中的吸附剂，吸附剂吸附压力空气中的水份。干燥后的压缩空气，一部分输出供车辆用风，另一部分干燥过的压力空气(约 13%～18%)被分流出来，经过再生节流膨胀后，进入 b 干燥塔对已吸水饱和的吸附剂进行脱水再生，再生工作后的压力空气经过油水分离器时，再把积聚在“拉希格”圈上的油、水及机械杂质等从排泄通路带出。一个工作周期后，电空阀 43 失电，b 塔变为干燥吸附状态，a 塔进入再生。

由于空气干燥器里没有移动部件，因此一般不会有磨损的问题，因此空气干燥器无需特殊保养，一般只做常规检查。如果发生故障需要修理时，需作如下检修。

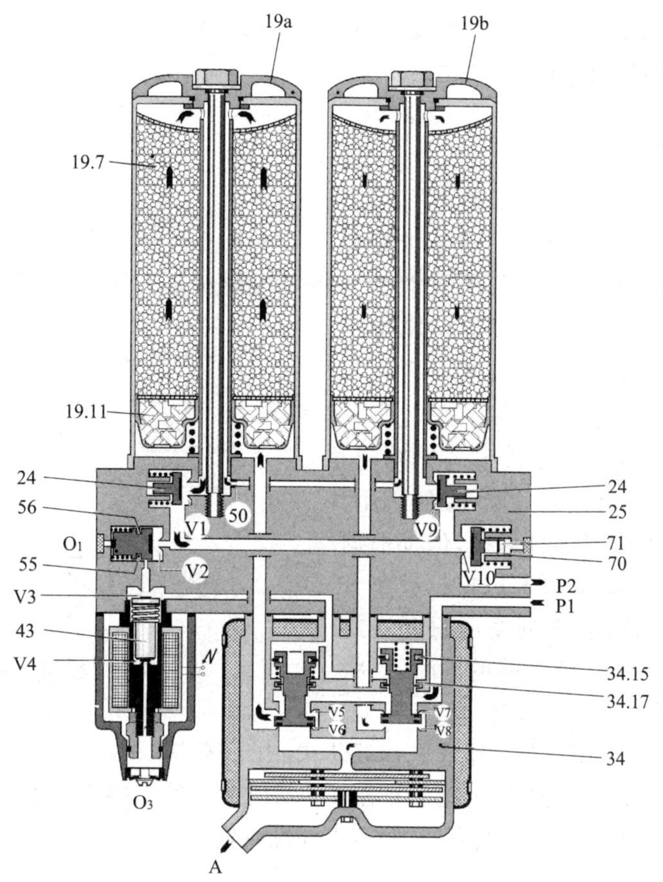

图 2-21 双塔式空气干燥器的作用原理

(干燥塔 19a 为干燥工况,干燥塔 19b 为再生工况)19—干燥塔;19.7—吸附剂;
19.11—油水分离器;24—止回阀;25—干燥器座;34—双活塞阀;56、70—克诺尔 K 形环;
43—电空阀;50—再生节流孔;55—预控制阀;71—旁通阀;92—隔热材;
A—排泄口;O_1~O_3—排气口;P_1—进气口;P_2—出气口;V_1~V_{10}—阀座

1. 空气干燥器分解检查

拆开空气干燥器,必须首先要对分解后的干燥过滤器零部件进行清洁,并检查是否有裂纹、变形或锈蚀等损伤。

2. 干燥剂更换

如果在排水阀的出口处有白色沉淀物或是干燥剂过饱和,必须检查干燥剂,如有必要则要更换。一般来说,干燥剂每 4~5 年需要更换一次。

3. 拉希格圈清洗

用于吸油的拉希格圈,可以用碱性清洁剂清洗,再用清水漂洗,最后用压缩空气吹干即可。

4. 功能测试

干燥过滤器组装完成后应在专用试验设备上进行测试。主要检查、测试干燥器是否有泄漏、再生与干燥状态转换是否正常、排泄功能是否正常、消声器的工作效果等。按照设计要求，经过干燥的压缩空气，其相对湿度应小于35%，这是必须要测试的项目，可以使用压力露点计或相对湿度计来检查其是否达到要求。

五、管路系统附件

1. 止回阀

止回阀结构如图2-22所示。安装于管路上，只允许空气从一个方向流入，反向截止，以避免压降。当流入方向压力升高，阀锥打开，阀座1克服弹簧的作用力，使压力空气流过，当供应管A_1压力下降，弹簧使阀锥顶住阀座V，这样就截止了回流，避免了A_2的压降。

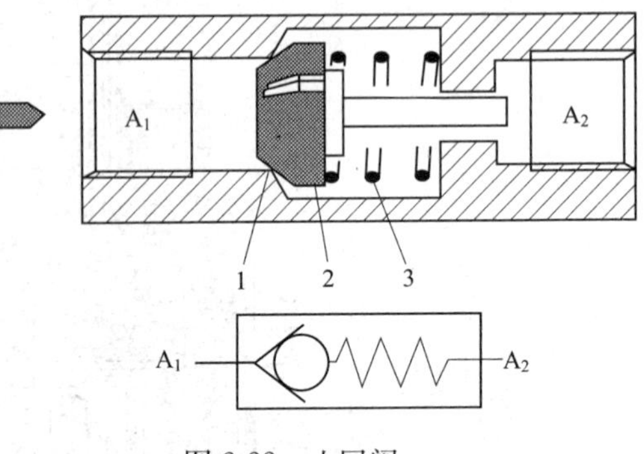

图2-22　止回阀

1—阀座；2—阀锥；3—弹簧

2. 塞门

空气系统的气路上还设置了若干塞门。其作用主要是在需要时通断气路，方便运用、检修、调试。塞门的形式多种多样，但都根据管径成系列产品。一般来说塞门根据通路分为普通塞门和三通塞门，普通塞门只开通或关断气路，三通塞门在关断气路的同时，还将输出端的压力通过第三口排大气。

就塞门内部结构来说可分为锥芯式和球芯式，由于球芯阀的密封性良好以及动作灵活，所以目前一般采用球芯式，图2-24就是球芯式。塞门两端的连接形式也根据需要设计成不同的接口，两端为内螺纹称为截断塞门，两端为外螺纹称为拉接塞门，还有法兰式连接等等。

图2-23　塞门

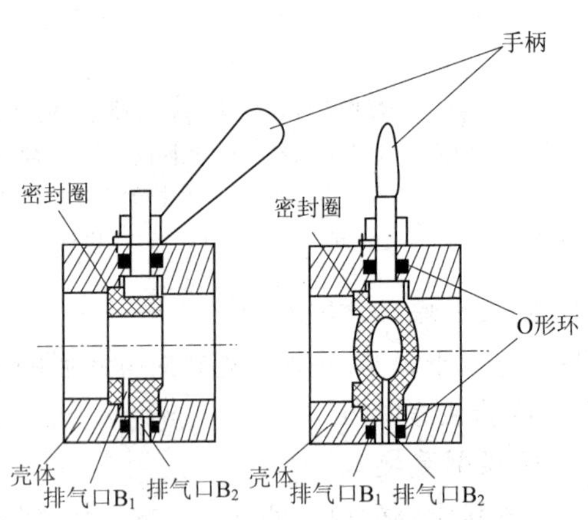

图2-24　三通塞门

塞门还分为A型和B型，A型是指当塞门手柄与所控制管路平行时呈开通状态的塞门，反之则为B型。一般来说正常运用情况下需关断的塞门用B型(常闭型)，如排水塞门、故障旁通塞门等，其余都用A型。所以在塞门的选用上应该注意管径、连接方式以及是常开型还是常闭型。

另外在车辆制动主管的两端连接软管之前，安装有一个称之为折角塞门的特殊塞门，如图2-25所示。以便关闭列车空气通路，安全摘挂机车、车辆。

球芯折角塞门的手柄,也有开通与关闭两个作用位置,当手柄置于与塞门体成水平方向的位置时,为开通位置,当手把置于与塞门体成垂直方向的位置时,为关闭位置。

3. 管道滤尘器

风源系统的风经管道输送后,在进入某些重要气动部件时,为防止管道中的灰尘、杂质和铁锈等进入,影响部件的正常工作,需在入口管路上设置管道滤尘器,如图 2-26 所示。

图 2-25　折角塞门

图 2-26　管道滤尘器

对于空气系统的管道附件还应该包括管接头和钢管。现代的城轨车辆上为保证现场安装的方便,一般都采用精密无缝钢管和卡套式免焊接头。为减少管路锈蚀对气动部件的二次污染,管道附件的材质一般多采用不锈钢。

六、风源系统的管理

一列城轨车辆上有两套风源系统,列车运用时,它们并非都同时运行。为了提高空压机的使用寿命,是通过一定的管理模式将它们组织起来。空气压缩机的控制是由微机制动控制单元(BCE)来完成的。空气压缩机的工作模式有两种:辅助模式和正常模式。如果把列车单元 1 位端的空压机作为主空压机(也就是正常模式),则 2 位端的空压机就是辅助模式。工作模式按列车运行方向或奇偶日轮换,保证两台空压机的工作时长大致相等。

1. 正常模式

正常模式时,只有一台空压机工作即可满足列车气路系统的需求,当压缩空气的压力低于恢复阀值(840 kPa)时,压缩机开始工作,当压缩机空气的压力达到排气阀值(950 kPa)时,压缩机停止工作。

2. 辅助模式

空压机辅助模式是指当压缩空气的压力低于辅助恢复压力(750 kPa)时,辅助空压机开始启动,当压缩空气的压力达排气压力(950 kPa)时停止。

列车初充风时,由于压力低,两台空压机同时启动。补风时根据情况,如压力低于 840 kPa,启动主空压机。如压力低于 750 kPa,则同时启动辅助压缩机。如压力继续低于 700 kPa,则触发紧急制动。空压机启动后,均需要压力达到 950 kPa 才能停机。当主空压机故障时,可通过转换,由辅助空压机替代主空压机。

复习思考题

1. 简述风源系统的功能及主要部件。
2. 城轨车辆上有哪些用风设备?
3. 活塞式空压机由哪几部分组成?其作用原理是什么?
4. 简述螺杆式空压机的工作原理。
5. 对比活塞式和螺杆式空压机的优缺点。
6. 简述活塞式空压机的检修过程。
7. 简述单塔空气干燥器的工作原理。
8. 简述双塔空气干燥器的工作原理。
9. 简述调压阀的工作原理。
10. 说明塞门的选用注意事项。
11. 简述城轨车辆风源系统的管理方式。

第三章　制动控制系统组成

第一节　概　　述

一、对地铁电动动车组制动的基本要求

(1)地铁制动系统应操纵灵活,方便,作用灵敏可靠,制动减速快,动车组前后车辆制动、缓解作用一致。

(2)地铁制动系统具有足够的制动能力,保证地铁动车组在任何情况下能在规定的制动距离内停车。

(3)地铁车辆应具备动力制动能力,在正常制动过程中,应充分发挥动力制动性能,以降低运行成本。

(4)地铁制动系统具有动力制动与空气制动的联合制动能力。

(5)由于地铁线路坡道较大,制动系统应保证地铁动车组在坡道上运行时,其制动力不会衰减。

(6)地铁动车组各车辆的制动力应尽可能一致。由于地铁动车组乘客量变化很大,地铁制动系统应根据乘客量的变化,具有载荷调整能力,以减少制动时的纵向冲动。

(7)具有紧急制动性能,遇有紧急情况时,能使地铁动车组在规定距离内安全停车。紧急制动作用除了可由司机操纵外,还应有乘客紧急制动按钮。

(8)地铁列车在运行中发生诸如列车分离、制动系统故障等危及行车安全的事故时,应能自动产生紧急制动作用。

二、电气指令式制动控制系统

1. 按电气指令传递方式分类

电气指令式制动控制系统,按电气指令传递方式可分为数字指令式制动控制系统和模拟指令式制动控制系统。

所谓数字指令式是指由 0 和 1 组成的 2 进制数,在用数字组合时,可以形成不同的组合。在制动控制上,0 和 1 分别对应制动控制线的通断电,如果用三位二进制代码,可以生成 000,001,010,011,100,101,110,111 等八个二进制编码,除去零位,则可以产生 7 级制动方式。如果采用更多位的二进制代码和更多的制动控制线,可以得到更多级的制动。按电动车组制动控制的经验,就操作方面来说,常用有 7 级制动已经基本够了,利用上述原理传递制动指令的控制系统,称为数字指令式制动控制系统。

模拟指令式制动控制系统可以实现制动无级操纵。电压电流频率脉冲宽度等模拟电信号来传递制动指令,以这些模拟量的大小来表示制动要求的大小。模拟指令式制动控制系

统比数字指令式制动控制系统使司机操纵更为方便，但它对指令传递的设备性能要求较高。一旦设备性能不能满足要求，可能造成制动指令精度下降，影响制动效果。

2. 按制动控制装置的不同分类

电气指令式制动控制系统可分为：电磁控制——指通过控制电磁阀得、失电对气路进行控制，一般只适用于仅有空气制动方式的制动系统中；气压控制——靠气压和阀进行协调配合；电气控制——靠电信号进行空气和电气制动协调配合。

电气指令式制动一般用于既有空气制动，又有电气制动——方式的制动系统中。能方便地进行电气制动与空气制动两种方式的制动力的协调；随着电子器件性能的提高，尤其是微机技术的应用，电气控制型的可靠性也在不断提高。并且由于在计算精度、充分利用动力制动等方面具有其他制动控制方式无可比拟的优点，因此目前电动车组的制动控制系统大多采用电气控制型。由于采用计算机进行控制，所以也叫微机控制型。

三、制动类型

考虑到地铁车辆本身要求及其装备的特点，如站间距离短，启动快，制动距离短，停车精度高和动力分散等，将制动系统设计为两大类：电制动和空气（摩擦）制动。

1. 电制动

电制动是利用电机的可逆性原理进行制动，牵引时，电机作为电动机运行，此时，电动机从电网吸收电能；制动时，电机作为发电机运行，将列车动能转换为电能。根据能量转移方式，电制动又分为再生制动和电阻制动两种形式。常用制动优先使用电制动系统，因此，在正常常用制动条件下，地铁电动车组的主要制动由动车内的电制动提供。如果电制动力不足，则补充摩擦制动，以确保达到制动指令信号所要求的制动减速率。

（1）再生制动。当发生常用制动时，电动机变成发电机状态运行，将车辆的动能变成电能，经 VVVF 逆变器整流成直流电反馈于接触网，即再生制动。再生制动取决于接触网的接收能力，亦即取决于网压高低和负载利用能力。

（2）电阻制动。将电机上的动能量转变成电能通过电阻热能消耗掉，即电阻制动。

电阻制动是承担电机电流中不能再生的那部分制动电流。再生制动电流加电阻制动电流等于制动控制要求的总电流，再生制动与电阻制动之间的转换由 DCU 控制，能保证它们连续交替使用，转换平滑。当高速时，地铁动车采用再生制动，当再生制动无法再回收时，再生制动能够平滑地过渡到电阻制动。

在从主变流器接收到再生信号时，用 T 车（拖车）优先滞后控制方式，进行再生制动和空气制动的电空协调。另外，动车（M 车）的制动控制器相对于 M 车本身，先对拖车（T 车）的载荷进行估算，并发出 T 车的制动模式。再把大于本车所必须的制动力的再生制动力部分作为减算指令送到 T 车的制动控制器，使 T 车的制动控制器算出 T 车应产生的制动力。

①当再生制动力＞M 车（动车）所需制动力时；T 车和 M 车全部采用电制动。

T 车：把[T 车所需制动力－（再生制动力－M 车所需必要制动力）]的制动力，作为补足空气制动力输出。则拖车制动为剩余电制动力＋补充空气制动。计算的结果即补足空气制动力即使为“0”，为了保证再生失效时补足空气制动的迅速响应，要保证增压气缸有一定量的空气压力作为初始压力。

M车：全部为再生制动。为了保证再生失效时补足空气制动的迅速响应，要保证制动气缸有一定量的空气压力作为初始压力。

②当再生制动力≤M车所需制动力时：

T车：全部为空气制动。

M车：把（动车所需制动力－再生制动力）的制动力，作为补充空气制动力输出。则动车制动为电制动力＋补充空气制动力。

③当没有电制动力时：

M车、T车全部采用空气制动。

2. 空气（摩擦）制动

空气（摩擦）制动是用来补充所要求的制动指令和已达到的电制动力之间的差额以及没有电制动时，完全满足列车的制动要求。由电子电制动控制单元的微处理器来控制空气制动。空气动制动系统可采用主动式（常用制动）或被动式（停放制动）控制。在主动式控制中，利用气压（压缩空气）通过制动气缸和制动钳将制动闸片压靠在制动盘上。在被动式控制中，利用弹簧力对制动闸片施压。主动式和被动式空气制动相互独立，且不能同时动作，从而可避免制动过度。

四、制动模式

1. 弹簧停放制动

为满足列车较长时间断电停放的要求，地铁车辆上设置了弹簧停放制动方式。所设计的弹簧制动力是利用压缩空气将弹簧能量储存起来进行制动的方式，具有如下特点：

（1）当停放制动缸充气时缓解，排气时制动；

（2）有气无电时，可按停放制动脉冲阀上施加或缓解按钮进行操作；

（3）无气时，可以手动缓解；

（4）主风缸压力低于一定压力时，可以制动施加，主风缸压力高于一定值才能缓解。

2. 紧急制动

列车设计有紧急空气制动系统，紧急制动可不经过电子制动控制单元的控制，直接使空气制动中的紧急电磁阀失电而产生。紧急制动具有如下特点：

（1）电制动不起作用，全部为空气制动；

（2）紧急制动时，高速断路器断开，受电弓降下；

（3）不受冲击率极限的限制，采用零速封锁，一旦实施不能撤除，列车必须减速，直到完全停下来；

（4）具有防滑保护和载荷修正功能。

3. 快速制动

当主控制器手柄移到“快速制动”位时，列车将实施减速度与紧急制动相同的快速制动。快速制动具有如下特点：

（1）大部分为电空联合制动；

(2)受冲击率极限的限制；

(3)没有零速封锁，只要主控制器手柄回“0”位，即可缓解；

(4)具有防滑保护和载荷修正功能。

4. 常用制动

在常用制动模式下，电制动和空气(摩擦)制动一般都处于激活状态。常用制动具有如下特点：

(1)为电空联合制动；

(2)受冲击率极限的限制；

(3)没有零速封锁，只要主控制器手柄回“0”位，即可缓解；

(4)具有防滑保护和载荷修正功能；

(5)电制动力不足时自动补充空气制动。

5. 保压制动

保压制动是为防止车辆在停车前产生冲动，使车辆平稳停车。保压制动具有如下特点：

(1)当列车制动到速度小于一定值时，发保压制动信号，同时输出给电子制动控制单元，这时电制动逐步退出，由电子制动控制单元控制的气制动替代。

(2)接近停车时，一个小于制动指令的保压制动由电子制动控制单元自动实施，即瞬时地将制动缸压力降低。如果由于故障，电子制动控制单元未接收到保压制动触发信号，电子制动控制单元内部程序将在 8 km/h 的速度时自行触发。

第二节　地铁车辆制动控制系统组成

一、地铁车辆制动控制系统组成

地铁车辆制动控制部分由：制动微机控制单元、制动控制单元、空气控制屏等组成，如图 3-1所示。

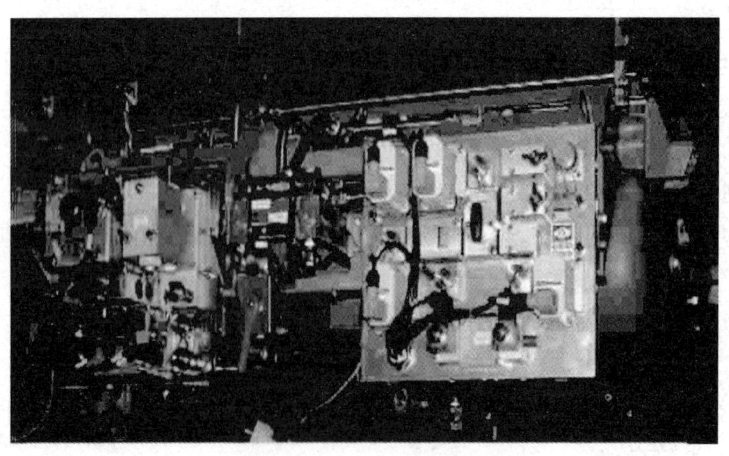

图 3-1　制动控制单元组成

1. 制动微机控制单元

制动微机控制单元是空气制动管理控制的核心。制动实施时，它接收各种与制动有关的信号，计算出一个当时所需气制动力的制动指令，从而对制动进行控制，另外它还对本车的气制动系统进行故障诊断及故障显示。

2. 空气制动控制单元

空气制动控制单元是空气制动的核心，它包括模拟转换阀、紧急电磁阀、称重阀、中继阀、载荷压力传感器、压力开关等元件，这些元件集中安装在铝合金基板上，如图 3-2 所示。

图 3-2 空气制动控制单元

二、地铁车辆制动控制系统各部件控制关系

地铁制动控制系统各部件控制关系如图 3-3 所示。

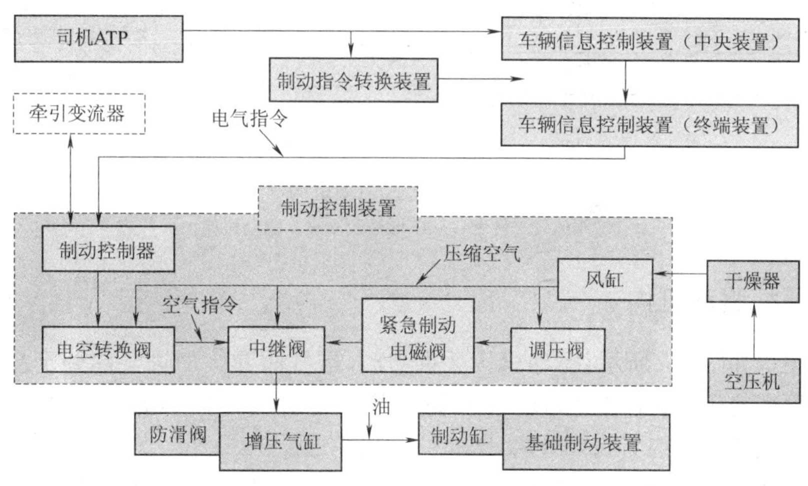

图 3-3 地铁车辆制动控制系统各部件控制关系

第三节　空气制动的驱动机构

空气制动系统一般由若干个气动阀组成，每个阀完成一定的功能，组合起来实现对制动缸压力及输入流量的控制，保证基础制动装置在制动过程中以一定的速度输出一定的作用力。因此每一个气动阀实际上就是一个实现气路通断的装置。通常我们将这一装置按功能划分为驱动机构、执行机构和压力控制机构。也就是由控制系统触发驱动机构，驱动机构带动执行机构实现气路通断，由压力控制机构来控制输出压力是否达到要求。

驱动机构的驱动力一般有机械力、流体压力、电磁力和弹簧力。一套驱动装置的驱动力既可能是单一的某一种，也可能是混合的。例如推动机构执行是电磁力，而机构的复位靠弹簧力。

执行机构用于开通或关断相应的气路。一般来说阀芯控制气路有输入、输出、风源和排大气等通路。通过阀芯使风源或输入与输出沟通使输出压力上升，称为增压状态。也可以使输出与排大气通路沟通使输出压力下降，称为减压状态。还可以使输出口与任何口都不相通，称为保压状态。通常我们采用的执行机构有柱塞式和阀顶杆式两种形式。

一、柱塞式驱动机构

柱塞式由阀体和一根有若干个轴颈的轴构成，轴的台阶中部开有沟槽，槽内安放有 O 形橡胶圈。轴穿在阀体的轴孔内，O 形圈与孔壁形成一定的挤压起到密封阻断气路的作用。

如图 3-4 所示，驱动机构推动柱塞在左位时 P 口和 A 口沟通，A 口和 S 口不通。当驱动机构使柱塞移至右位时 P 口和 A 口切断，A 口和 S 口沟通。

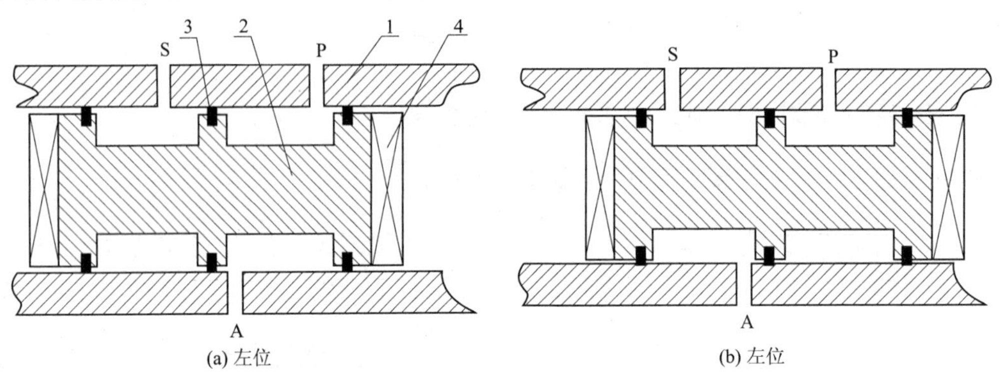

图 3-4　柱塞式驱动机构

1—阀体；2—柱塞；3—O 形橡胶圈；4—驱动机构

二、阀顶杆驱动机构

阀顶杆结构如图 3-5 所示，驱动机构无推力时，进气阀弹簧使进气阀处于最下端位置，并使橡胶垫紧密的压在阀口上，关闭气路，输入 P 口和输出 A 口不通。当驱动机构推动顶杆上移使进气阀的橡胶垫与阀口分离，P 口和 A 口沟通。

另外一种情况是将顶杆与进气阀分开，并做成空心杆的结构，而驱动机构用气动膜板，这就是比较常用的膜板空心杆结构，如图 3-6 所示，该结构有三个通路：P 口接风源，A 口接

输出是本结构的控制目标,A 口压力可通过 EX 口通大气实现减压。

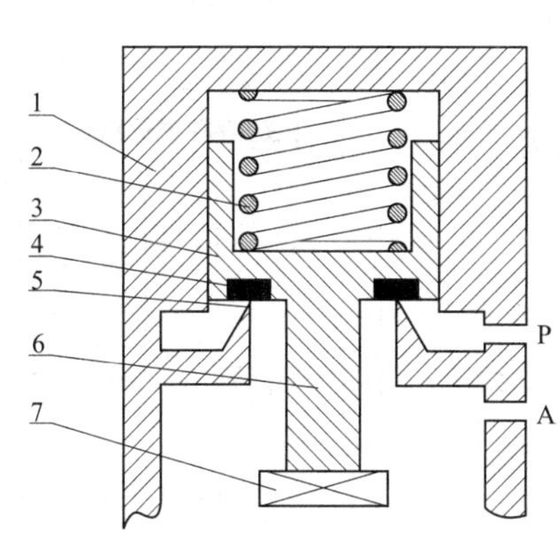

图 3-5 阀顶杆结构

1—阀体;2—进气阀弹簧;3—进气阀;4—橡胶垫;5—阀口;6—顶杆;7—驱动机构

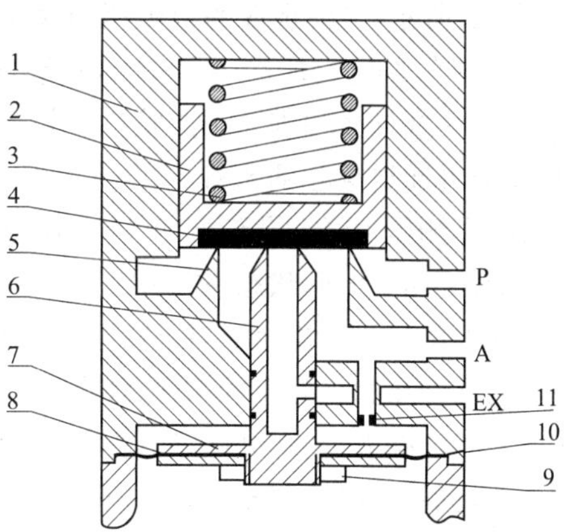

图 3-6 膜板空心杆结构

1—上阀体;2—进气阀;3—进气阀弹簧;4—橡胶垫;5—阀口;6—空心活塞杆;7—上活塞盖;8—膜板;9—活塞压帽;10—活塞膜板;11—缩孔

依据膜板 8 上下的压力差不同,空心活塞杆 6 与进气阀橡胶板 4 的接触有以下三种状态:

1. 充气状态

如图 3-7 所示,当膜板 8 的上侧压力小于下侧压力时,膜板 8 上移,带动空心活塞杆 6 上移顶开进气阀,P 口压力空气向 A 口充气,同时经缩孔 11 往膜板的上侧充气,所以 A 口和活塞上侧压力同时上升。

2. 保压状态

如图 3-8 所示,当膜板的上侧压力逐渐升高,膜板上下压差逐渐减小,进气阀 2 在弹簧 3 的作用下逐渐关闭。当膜板上下压力差为零时,进气阀完全压在了阀口 5 上,关闭 P 口与 A 口通路,同时 A 口和空心活塞杆 6 中心的通路也不通,A 口压力维持不变,这就是保压状态。

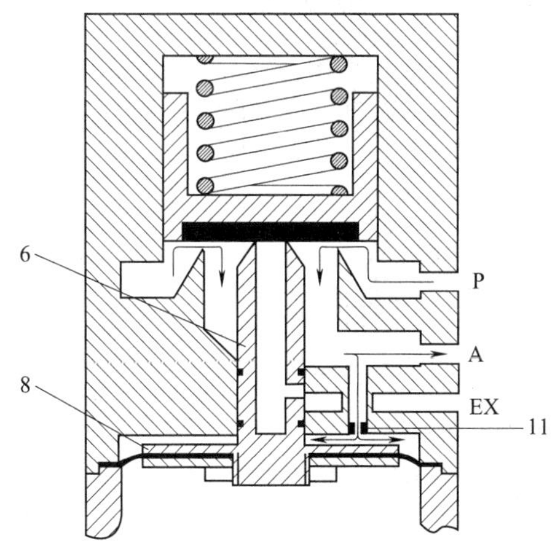

图 3-7 空心阀杆驱动充气状态

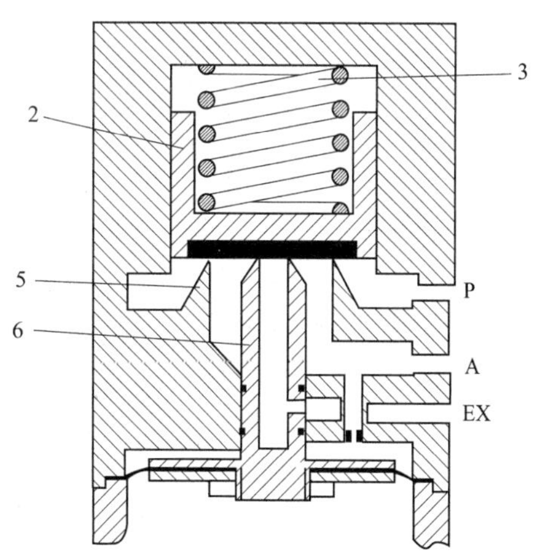

图 3-8 空心阀杆驱动保压状态

3. 排气状态

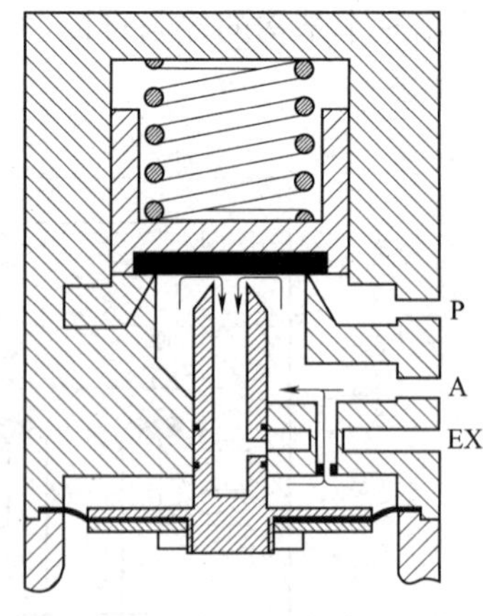

图 3-9 空心阀杆驱动减压状态

如图 3-9 所示，当膜板 8 的上侧压力大于下侧压力时，膜板 8 下移，由于进气阀已经压在了阀口 5，不能随空心活塞杆 6 一同下移，空心活塞杆 6 和进气阀橡胶垫 4 分离，空心活塞杆口开放，A 口压力可通过空心活塞杆中的通路排气，A 口压力下降。同时膜板的上侧压力经缩孔随着 A 口一起减压，直至膜板上下侧压力相等，又回到保压状态(图 3-8)。

从上面的描述可看出，该结构作用就是维持输出口 A 的压力和膜板的下侧压力一致。膜板下侧的压力可以由弹簧提供，或气体压力或电磁力。我们可以通过其他控制手段调节以上这些力的大小，也就可以控制输出口 A 的压力了。

对于气动阀输出有一定压力要求时，需采用压力控制机构，一般压力控制机构分为气压式和电气式两种。气压式如上面介绍的膜板空心杆结构，利用膜板比较输入和输出压力的差值，进而调节执行机构的开启，控制输出压力，最终保证输出和输入的一致。电气式则采用一些压力传感器或气电转换装置，将输出口的压力转换为电流信号，将该信号反馈回电磁驱动机构的控制环节，利用闭环控制的原理实现对输出口压力的准确控制。

第四节 制动控制系统组成

一、NABTESCO 型模拟转换阀

NABTESCO 型模拟转换阀如图 3-10 所示，由电磁阀、柱塞、排气活塞、膜板活塞、反馈节流孔、供、排气阀等组成。它的用途是接受电子制动控制单元的电信号控制，产生相应的气制动信号。其有三个作用位置，分别为充气位、保压位、排气位。

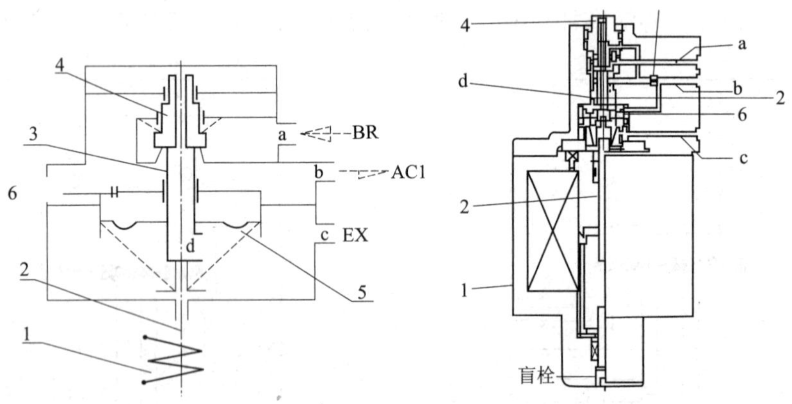

图 3-10 NABTESCO 型模拟转换阀组成

1—电磁阀；2—柱塞；3—排气活塞；4—供、排气阀；5—膜板活塞；6—反馈节流孔

1. 制动位(充气位)

当电磁阀得电时，在柱塞上产生一个向上的作用力，柱塞推动膜板活塞带动活塞杆上

移，顶开供排阀，如图 3-11 所示，制动风缸 BR 的压缩空气经供排阀口分为两路：一路向中继阀活塞下方 AC1 充风；一路经反馈节流孔进入活塞上方去平衡下方压力，形成充气位。充入中继阀活塞下方的压力随电磁阀电流的增加而增加。

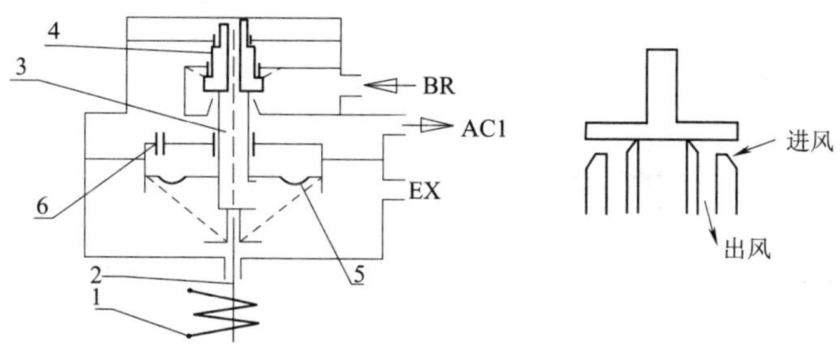

图 3-11 充气制动位作用原理(图注同图 3-10)

2. 保压位

当电磁阀的电流停止增加时，压力空气经反馈节流孔进入活塞上方，活塞上方压力增加，当活塞上方压力与电磁力平衡时，供排阀关闭，但空气阀杆与供排阀密贴，既不充风，也不排风，模拟转换阀呈保压状态，如图 3-12 所示。如 AC1 端压力有所漏泄，则柱塞可再次推动膜板活塞上移，制动风缸 BR 可自动向 AC1 充风。

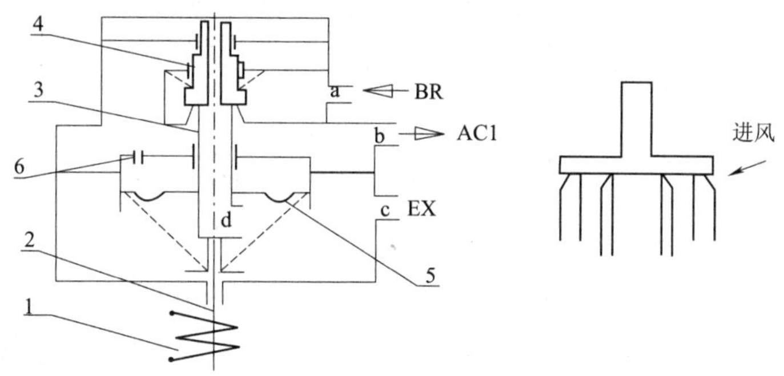

图 3-12 保压位作用原理(图注同图 3-10)

3. 缓解位(排气位)

当电磁阀失电或电磁阀电流减少时，柱塞上电磁力减少，在膜板活塞上方压力作用下，活塞下移，打开空心阀杆，活塞上方压力空气经反馈节流孔和 AC1 压力空气经过供排阀口，空气阀杆，排风口 EX 排向大气，制动力降低或缓解，如图 3-13 所示。

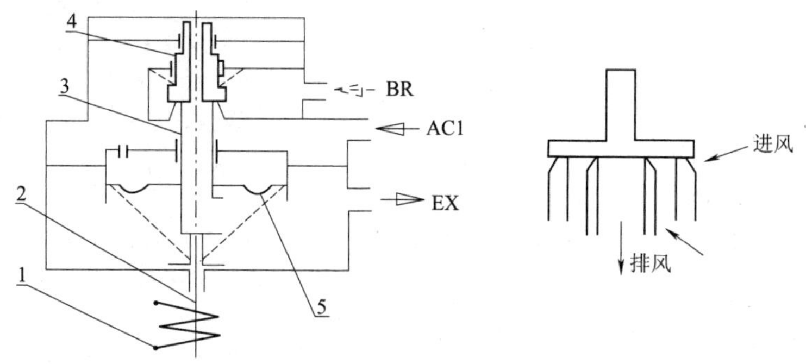

图 3-13 排气位作用原理(图注同图 3-10)

二、克诺尔模拟转换阀(EP阀)

模拟转换阀是由一个电磁进气阀(制动电磁阀)、一个电磁排气阀(缓解电磁阀)及一个压力传感器组成,如图3-14所示。当进气阀的励磁线圈收到微处理机ECU的制动指令时,吸开阀芯,使制动储风缸压力空气通过进气阀转变成预控制压力并送向中继阀。与此同时,压力空气也送向压力传感器和排气阀,而压力传感器将压力信号转换成相对应的电信号,马上馈送回制动微机控制单元,制动微机控制单元将此信号与制动指令信号相比较。当大于或小于制动指令时,则分别继续开大进气阀或进气阀并开启排气阀,直到预控制压力增高或降低到制动指令的要求为止。

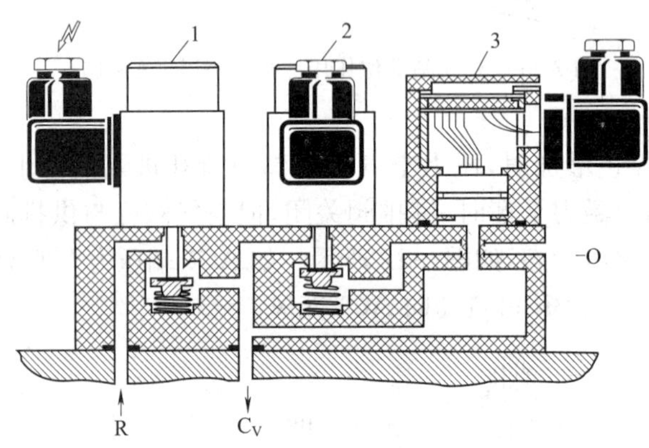

图3-14　模拟转换阀示意图

1—电磁进气阀;2—电磁排气阀;3—压力传感器;C_V—预控制压力;R—储风缸

1. 制动位(充气位)

进气阀得电,排气阀失电,压缩空气从制动储风缸R进入,输出预控制压力C_{V1}至中继阀。

2. 缓解位(排气位)

进气阀失电,排气阀得电,R通路被切断,预控制压力C_V通过排气阀直到大气O。

3. 保压位

进气阀、排气阀均失电,既不充风也不排风。

三、紧急电磁阀

紧急电磁阀由电磁阀、阀体、压缩弹簧、活塞、克诺尔K形环等部件组成,如图3-15所示。紧急阀电磁有四条气路:A1、A4通制动风缸;A2通模拟转换阀;A3通称重阀。其用途为当紧急电磁阀失电时,不经过电子制动控制单元的控制直接产生紧急制动。

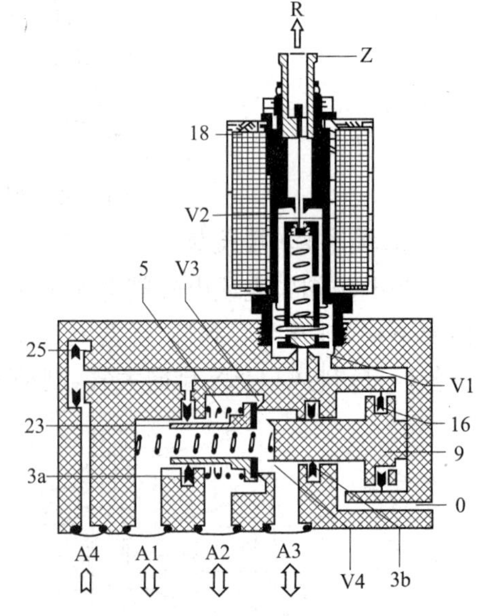

图3-15　紧急电磁阀示意图

3—克诺尔K形环;5—压缩弹簧;9—活塞;16—克诺尔K形环;18—电磁阀;23—阀头;25—克诺尔K形环;V—阀座;R—排气口;A1—储风缸;A2—预控制压力C_{V1};A3—预控制压力C_{V2};A4—控制气路

1. 常用制动位

紧急电磁阀得电(常用制动时),V1 口开启,控制压缩空气从 A4 进入使阀杆 9 克服压缩弹簧 5,打开 A2 至 A3 通路。

2. 紧急制动位

紧急电磁阀失电(紧急制动时),V1 口关闭,A4 通路被切断,控制压缩空气通过电磁阀上部 R 口排向大气,弹簧力作用下阀杆 9 复位,关闭 A2 口,打开 A1 至 A3 通路。

四、称重阀

称重阀的结构如图 3-16 所示为杠杆膜板式。称重阀主要用来在紧急制动时提供车辆载重信息,从而根据车辆载重情况限制过大的制动力。由于模拟转换阀输出的控制压力是受微处理机控制的,而微处理机的制动指令本身就是根据车辆的负载、车速和制动要求而给出的。因此在常用制动中称重阀几乎不起作用,仅起预防作用,以防模拟转换阀控制失灵。而主要作用是在紧急制动时。由于紧急制动时预控制压力是从制动储风缸直接经紧急阀到达称重阀,中间没有受模拟转换阀的控制,而紧急阀也仅仅作为通路的选择,不起压力大小的控制作用。所以,在紧急制动时,预控制压力只受称重阀的限制,即为最大的预控制压力。同样,控制压力 C_{V2} 流经称重阀时也受到阀的通道阻力,压力有所下降,成为预控制压力 C_{V3},并通过管路板进入中继阀。

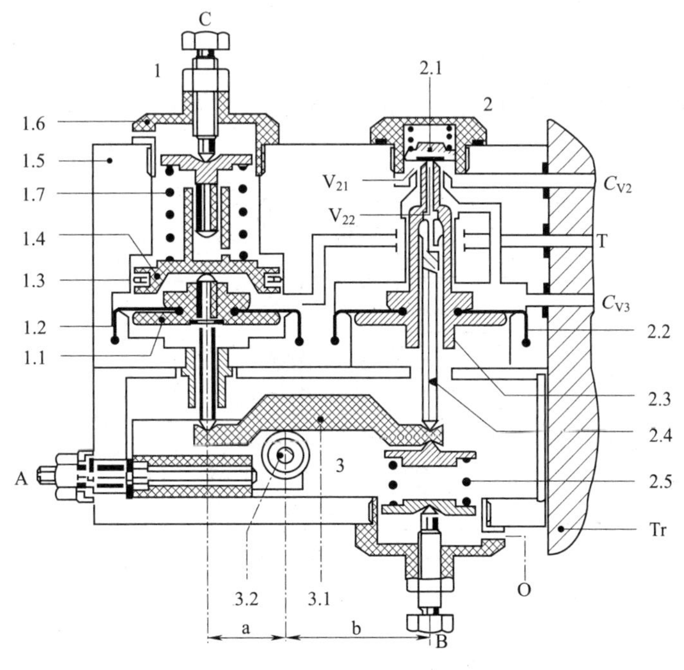

图 3-16 称重阀结构图

1—载荷信号转换器;1.1—隔膜活塞;1.2—隔膜;1.3—克诺尔 K 形环;1.4—活塞;1.5—阀体;1.6—螺塞;1.7—压缩弹簧;2—关断阀;2.1—阀头;2.2—隔膜;2.3—隔膜活塞;2.4—推杆;2.5—压缩弹簧;3—机械部分;3.1—平衡梁;3.2—支轴;A、B、C—调整螺钉;Tr—支架;O—排气口;V_{21}—充气阀座;V_{22}—排气阀座;C_V—预控制压力;T—载荷压力

1. 缓解位置(操作位置)

缓解位时无 C_V压力输入称重阀,如图 3-16 所示。

2. 紧急制动位置

压缩空气通过 V_{21}进入,输出 C_{V3}。如果车辆载荷增加(即压力 T 增加),则隔膜 1.2 上方压力增加,左侧隔膜活塞下移,则隔膜 2.2 上移,顶开充气阀,V_{21}向 C_{V3}充风,即输出 C_{V3}压力相应增大。如果车辆载荷增加(即压力 T 减少),则隔膜 1.2 上方压力减少,右侧隔膜活塞 2.2 下移,则隔膜 1.2 上移,排气阀 V_{22}打开,C_{V3}经 V_{22},推杆中心孔排向大气,即输出 C_{V3}压力相应减少。

3. T 压力失效时紧急制动位置

如果载荷 T 压力失效,若建立的 C_{V2}压力不足,会造成车辆制动力不够。为避免该情况发生,预先通过弹簧 1.7 和活塞 1.4 作用在隔膜活塞 1.1 上,确保在 T 压力失效情况下,能产生正常的紧急制动。

4. 紧急制动后缓解位置

C_{V2}压力降低时,制动缓解,C_{V3}通过 C_{V2}排出。

五、克诺尔中继阀

(一)用途

根据模拟转换阀输出的压力变化控制制动缸的压力变化。

(二)构造

中继阀由下盖、活塞、活塞杆、供气阀、供气阀座、排气阀、排气阀座、排风口、反馈节流孔、压缩弹簧等部分组成,如图 3-17 所示。

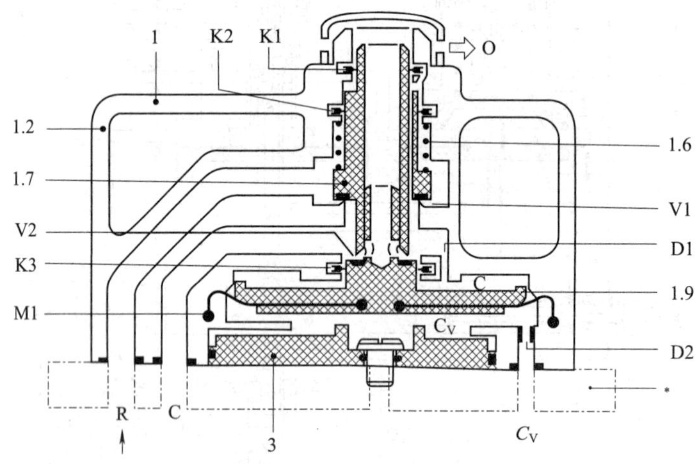

图 3-17 中继阀示意图

1.2—控制室;1.6—压缩弹簧;1.7—阀导;1.9—隔膜活塞;3—安装支座;V1—进气阀座;V2—出气阀座;D—节流孔;K—克诺尔 K 形环;M_1—隔膜;R—制动风缸;C_V—预控制压力;C—制动缸压力;O—排气口

进入中继阀的 C_{V3}压力空气,推动膜板活塞上移,首先关闭了通向制动缸的排气阀 V2,然后进一步打开进气阀 V1,使制动储风缸经接口 R 进入均衡阀的压力空气通过进气阀 V1、经接口 C 充入制动缸,制动缸活塞被推出,带动闸瓦紧贴车轮产生制动作用。从上述中可看出，均衡阀能迅速进行大流量的充、排气。大流量压力空气的压力变化是随预控制压力 C_{V3} 的变化而变化，并且互相间的压力传递比为 1∶1，即制动缸压力与 C_{V3} 相等。

同样，制动缓解指令后，排气阀打开，使具有预控制压力 C_{V1}、C_{V2}、C_{V3} 的压缩空气都通过在中继阀活塞上方的制动缸压力空气作用下向下移动，于是均衡阀中的进气阀关闭，排气阀打开，使各制动缸中的压力空气经开启的排气阀排出，列车得到缓解。

1. 制动位

当预控制压力 C_V 从 D2 进入，推动隔膜活塞使阀导 1.7 克服压缩弹簧 1.6 上移，打开 V1，制动风缸压力空气经 V1 阀口向制动缸充风，制动施加；同时经反馈节流孔向膜板活塞上方充风。

2. 缓解位

当预控制压力 C_V 通过模拟转换阀释放后，在弹簧 1.6 用下，阀导 1.7 下移，关闭 V1 口，此时 V_2 口打开，制动缸和活塞上方的压力空气经经阀导中心、排气口 O 排向大气，制动缓解。

3. 保压位

当膜板活塞上方压力与预控制压力 C_V 平衡时，V1 阀口关闭，制动风缸停止向制动缸充风，制动缸保压，列车保压。如制动缸有漏泄，膜板活塞可再次上移顶开 V1 阀口，制动风缸可随时向制动缸补风。

六、双膜板（NABTESCO 型）中继阀（图 3-18）

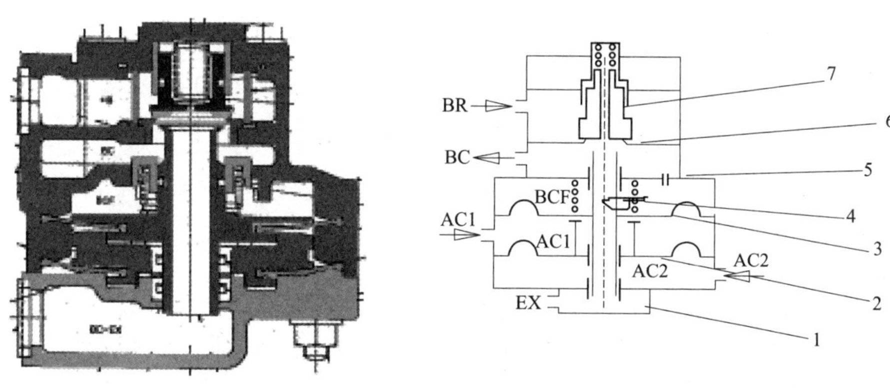

图 3-18　双膜板中继阀示意图

1—排风口；2—下膜板活塞；3—上膜板活塞；
4—活塞杆；5—反馈节流孔；6—供排阀阀座；7—供排阀；
BR—通制动风缸；BC—通制动缸；AC1—通模拟转换阀；AC2—通紧急电磁阀

1. 常用制动位（图 3-19）

当常用制动时，AC1 充风，压缩空气进入上活塞下方，推动膜板活塞带动活塞杆上移顶开供排阀，制动风缸压缩空气一路经供排阀口向制动缸 BC 充风，另一路经反馈节流孔向活塞上方充风，直到活塞上下压力平衡为止。

2. 保压位

当保压时，AC1 停止充风时，活塞下方压力不再增加，当活塞上下压力平衡时，供排阀关闭，制动缸保压。如制动缸有漏泄，活塞可上移顶开供排阀，制动风缸压力空气可自动向制动缸补风，如图 3-20 所示。

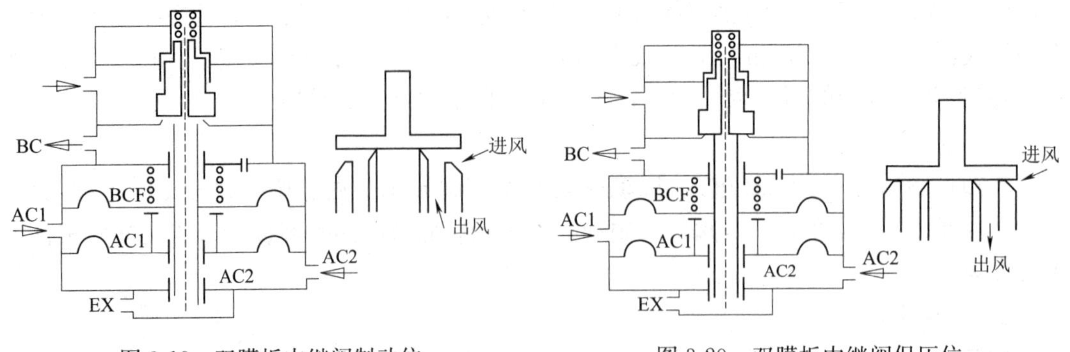

图 3-19　双膜板中继阀制动位　　　图 3-20　双膜板中继阀保压位

3. 缓解位

当缓解时，AC1 排气，上活塞下方压力空气经模拟转换阀排向大气，膜板活塞下移，打开空心阀杆，活塞上方压力空气经反馈节流孔和制动缸压缩空气一起经空心阀杆、排风口排向大气，如图 3-21 所示。

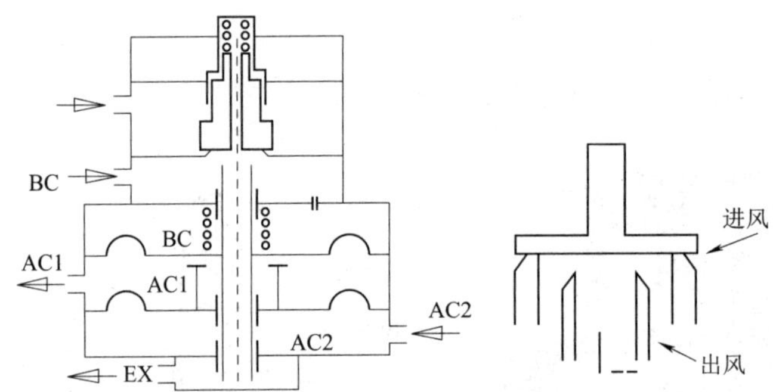

图 3-21　双膜板中继阀缓解位

4. 紧急制动位

当紧急制动时，AC2 充风，压缩空气进入下活塞下方，推动膜板活塞带动活塞杆上移顶开供排阀，制动风缸压缩空气一路经供排阀口向制动缸 BC 充风，另一路经反馈节流孔向活塞上方充风，直到活塞上下压力平衡为止，如图 3-22 所示。

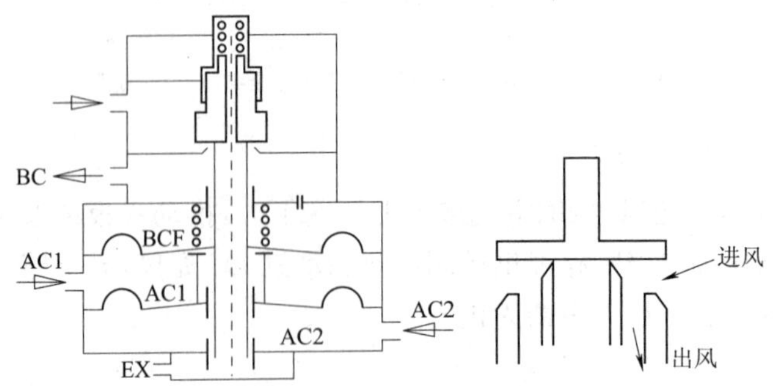

图 3-22　双膜板中继阀紧急制动位

七、停放制动脉冲阀

1. 构造

停放制动脉冲阀是用来控制气缸内弹簧动作的二位三通阀。它主要由脉冲阀基体，两个外壳和固定在壳上的电磁阀，活塞、手动控制手柄等组成，如图 3-23 所示。

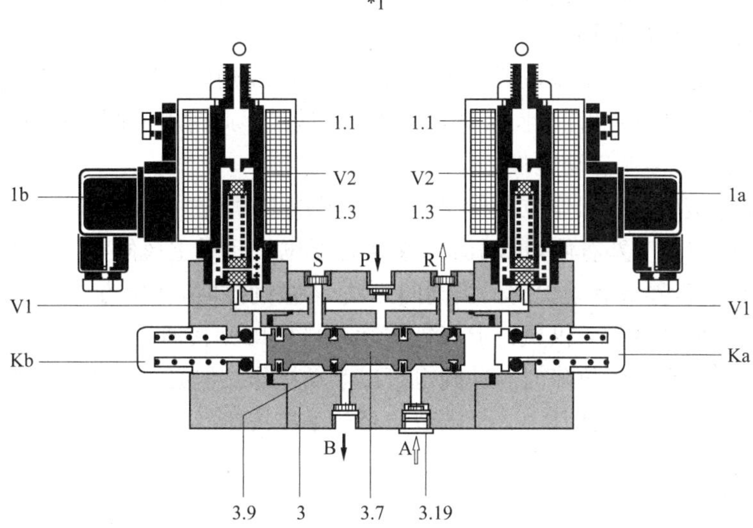

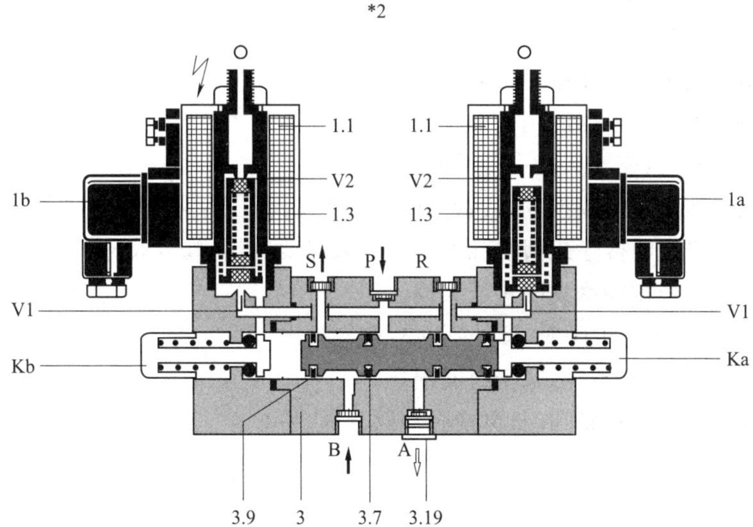

图 3-23　停放制动脉冲阀示意图

1a,1b—阀门磁铁；3.19—螺旋塞；P—供风口；1.1—阀门磁铁线圈；4—板；
1.3—衔铁；A,B—出风口；V1,V2—阀门座；3—主阀；Ka,Kb—紧急按钮；
＊1—无电位置；3.7—活塞；O—排风口；＊2—工作位置(一个阀门磁铁励磁)；3.9—KNORR K 形环

当磁铁交替得电、失电时，脉冲阀动作。控制压力空气在内部交换，没有孔让外面的空气进入。脉冲阀基体包括一个主体和在主体中可滑动带有四个O形圈的活塞。脉冲阀门有两个按钮(Ka)和(Kb)用于紧急情况(比如电源故障)下手动操作,其中脉冲阀停车制动的手动施加按钮 Ka、手动缓解按按钮 Kb。其中 P 通主风缸,B、S 通大气,A 通停放制动缸。

2. 工作原理

电磁线圈Ⅰ和Ⅱ不带电时脉冲阀在中立位,脉冲阀基体的控制活塞位于两末端的其中一端(P 至 A 或 A 至 R 的通道打开)。

(1)停放制动施加。在工作位置(＊1)上阀门磁铁 1a 励磁,1b 去励磁时,主风缸压力空气经 P、1a 的 V1 阀门到活塞右侧,推动活塞移到左端位。此时停放制动缸 A 与排风口 R 相通,停放制动缸排气,停放制动施加。

(2)停放制动缓解。在工作位置(＊2)上阀门磁铁 1b 励磁、1a 励磁时。主风缸压力空气经 P、1b 的 V1 阀门到活塞右侧,推动活塞移到右端位。此时主风缸 P 与停放制动缸 A 相通,停放制动缸充气,停放制动缓解。当阀门磁铁 1a 被励磁时,在反方向上重复以上操作步骤,活塞 3.7 被推向左端位。供风口 P 又能再次与排风口 B 接通。

(3)手动操作。在电源故障时脉冲阀也可以手动操作。但必须将手控按钮 Ka 或 Kb 推到头,从而将活塞 3.7 移动到其中一个端位。释放手控按钮后,它会在弹簧作用力下回到初始位置;活塞 3.7 则保持在预设的端位。

3. 故障处理

(1)脉冲阀不动作

原因:①线圈 1a 或 1b 没有电;

②电磁铁 2b 损坏。

处理:①检查电源或连接器;

②更换磁铁或根据适用检修说明彻底检查。

(2)当线圈失电时,空气从 O 处稳定的排出

原因:磁铁电枢上密封圈损坏,或者阀座 V1 上有灰尘或者损坏;

处理:根据检修说明拆除或清洗脉冲阀。如果必要的话,修复阀座 V1 或更换外壳。

更换磁铁 2b 或根据检修说明进行大修。

(3)当 A 到 R 的通道关闭时,R 处不断有空气排出

原因:脉冲阀基体的控制活塞密封圈损坏。

处理:根据检修说明检修阀门,更换脉冲阀基体。

八、减 压 阀

1. 用途

减压阀是把主风缸压力调整到规定值供系统使用。

2. 结构

减压阀由阀体、活塞、阀门头、调节螺栓、弹簧固定器、一、二级压力弹簧、膜板活塞、进气阀、进气阀杆、进气阀弹簧、溢流阀等组成,如图 3-24 所示。

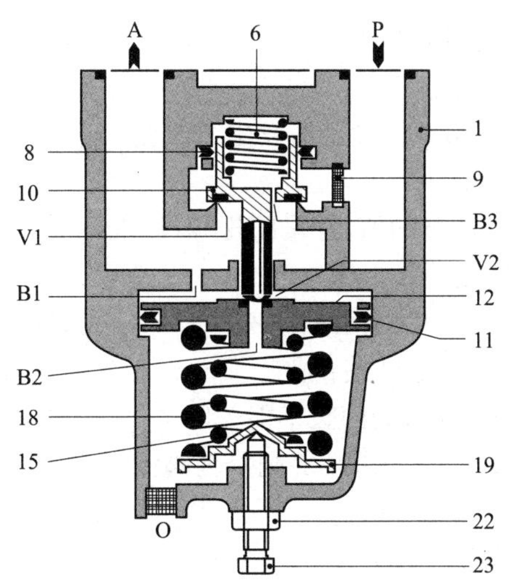

图 3-24 减压阀构造示意

1—阀体；6—压缩弹簧；8—KNORR K 型圈；O—排气端口；9—过滤器；V—阀座；
10—阀门；B—溢流孔；11—KNORR K 型圈；P—高压端口(进口通道)；12—膜板活塞；
A—低压端口(出口通道)；15—一级压缩弹簧；18—二级压缩弹簧；19—弹簧固定器；22—防松螺母；23—调节螺栓

3. 作用原理

(1)充气。当调整弹簧压力高于输出压力时，膜板活塞上移顶开进气阀 V1，需减压的压力空气从打开的阀座 V1 由进口通道 P 流向出口通道 A 时，压力减小。同时通过端口 B1 进入活塞 12，通过端口 B3 进入阀门 10 上面的气室，平衡气室压力。

(2)停止充气。随着输出压力增加，活塞 12 向下运动，同时带动阀门头下移。当达到活塞上下压力平衡时，进气阀杆关闭溢流阀，同时阀座 V1 关闭，停止送风。

(3)溢流。当输出压力超过设定的出口压力时，在弹簧 15 和 18 的作用力下，活塞 12 离开阀门头 10 的凸杆，出口通道的气体通过端口 B2 溢出，然后从 O 处排向大气。当出口通道的压力达到设定值时，活塞 12 上移，落到阀门头 10 的凸杆上，端口 B2 关闭，排气结束。

(4)二次充气。由于泄漏或消耗，出口通道的压力空气压力降低，作用在活塞上的压力减小，弹簧 15 和 18 的作用力为主。在弹簧作用力下活塞向上运动，阀门头 10 离开阀座 V1，压缩空气从进口通道流向出口通道，直到出口通道的压力达到设定值为止。压力增加后，活塞 12 克服弹簧 15 和 18 的作用力向下移动，直至阀门头 10 将阀座 V1 关闭。

4. 压力调整

通过调整螺母对输出压力进行调整，顺时针方向转动调整螺母为减少压力，逆时针方向转动调整螺母为增加压力，每次调整均需反复试验调整，调整完毕后拧紧紧固螺母。

5. 检修

(1)没有输出

原因：①高压端口没有压力。

②因为活塞 12 卡住或弹簧 15 或 18 损坏，致使 DMV 没有提供空气。

处理：①恢复压缩空气的提供。

②更换压缩弹簧。

(2)低压断口 A 的压力比设定值低

原因:①P 的压力比设定值低。

②防松螺母松动,DMV 的设定值发生了改变。

处理:①检查压缩空气的提供。

②把 DMV 设定为正确的值,拧紧防松螺母。

(3)端口 O 不断的有空气泄漏

原因:①阀座 V1 或 V2、在阀门头上的阀座橡胶部分或活塞 12 脏了或是损坏。

②KNORR K 型圈 8 或 11 有问题。

③过滤器安装时被扭曲;阀门头不能关闭。

处理:①拆除并且清洁 DMV,如果必要则修理阀体 1 或更换损坏的阀门头或活塞。

②替换 KNORR K 型圈。

③正确安装过滤器。

(4)输出压力不能调整

原因:输入、输出管接头装反。

处理:检查输入、输出管接头。

九、双 向 阀

1. 用途

双向阀是空气制动系统中的一个控制装置,如图 3-25 所示。按提供的空气压力,可以自动切断两个阀进气口之间的连接,并且防止阀的出口溢流。

2. 构造

双向阀是板式安装,即平面连接。由基体 a,两个进气口 A1,A3 和一个出气口 A2 组成。由一个活塞 b 切断通过阀的气路。

3. 工作原理

DRV7-T 型双向阀没有默认状态,活塞 b 能自由移动,其位置取决于 A1,A3 的压力。

通过 A1 和 A3 的进气压力 $P1$,$P3$,自动控制端口 A1,A3 与 A2 的连接状态。该阀通过差动活塞使端口 A1 与 A3 相通,允许压力 $P1$ 大于两倍活塞面积。这意味着通常端口 A1 与 A2 相通,只有当 $P3$ 压力大于 1.6 倍 $P1$ 压力时,阀关闭,端口 A3 与 A2 接通。工作原理如图 3-26 所示。

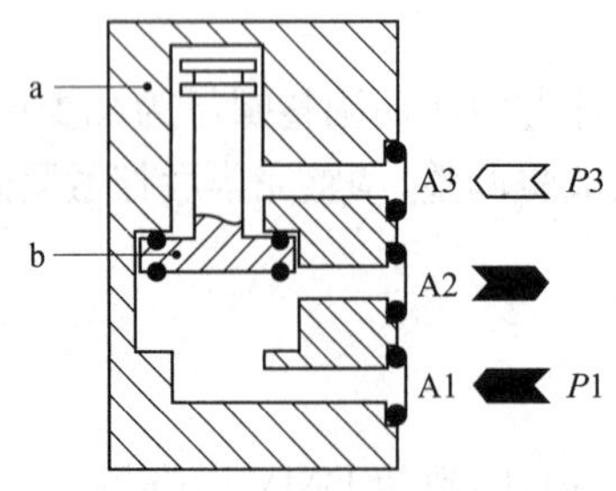

图 3-25　双向阀构造示意

a—基体;b—活塞;A—端口;$P1$、$P3$—进气压力

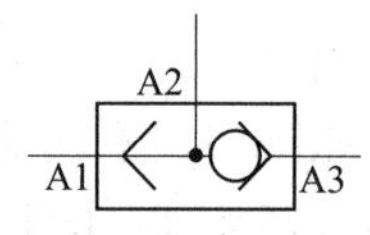

图 3-26　原理图

十、防滑系统

1. 组成

防滑系统由防滑电磁阀(G01)、防滑控制中央处理器(G02 即 ECU)、速度传感器(G03.1 和 G03.2)、测速齿轮(G04)等部件组成。

防滑系统的工作原理是装在每一根车轴上的速度传感器随时检测其车轮的转速,并将其速度信号送给与制动电子控制单元组装在一起的防滑控制中央处理器(G02),由中央处理器进行计算,得到每一车轮的减速度及各车轮之间的速度差。当其超过规定值时,防滑控制中央处理器(G02)发出指令控制相应的防滑电磁阀(G01)动作,减少制动缸压力,使发生滑行的车轮恢复转动。

防滑阀主要由一个带有两个换向隔膜的外壳,一个双阀用电磁铁、两个双阀用电磁铁与外壳连接在一起的侧板和一个阀门支架组成。外壳有两个阀座 VD 和 VC。每个阀座都能通过隔膜打开或关闭。D 隔膜可以接通或关断从 D 室(分配阀或压力变压器)到 C 室(单元制动缸)的通路。C 隔膜可以使 C 室(单元制动缸)和 O 排气口通路。双阀用电磁铁由两个二位三通换向阀(VM1 和 VM2)组成,其线圈在一个共用的塑料外壳里,如图 3-27 所示。

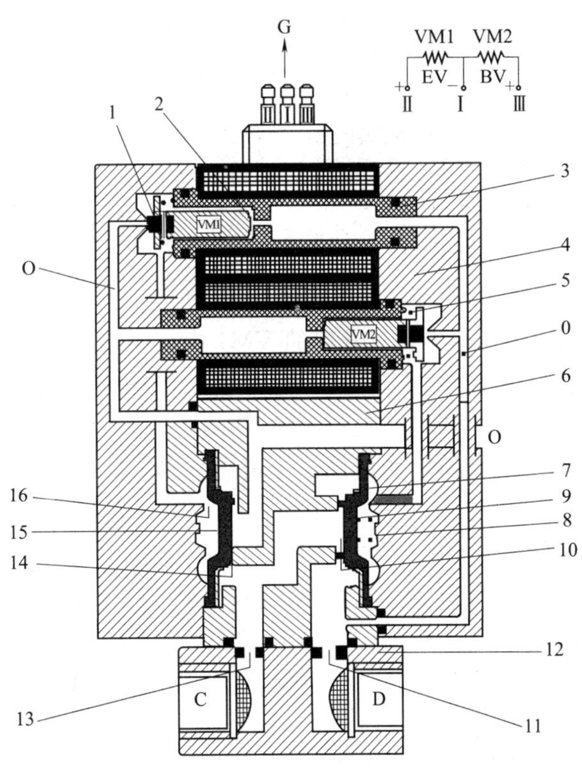

图 3-27 防滑阀构造示意

1—外部阀座;2—内部阀座;3—双阀用电磁铁;4—侧板;5—电驱弹簧;6—壳;7—隔板 D;8—锥形弹簧;9—控制室 SD;10—阀座 VD;11—喷嘴 dD;12—阀座;13—喷嘴 dC;14—阀座 VC;15—隔板 C;16—控制室 SC;C—制动缸;D—分配阀或压力变压器;G—防滑控制单元

2. 无防滑系统的制动与缓解

阀用电磁铁 VM1 和 VM2 不励磁，如图 3-28 所示。

(1)缓解。阀门处于无压力状态，D 隔膜通过锥形弹簧保留在阀座 VD 上。

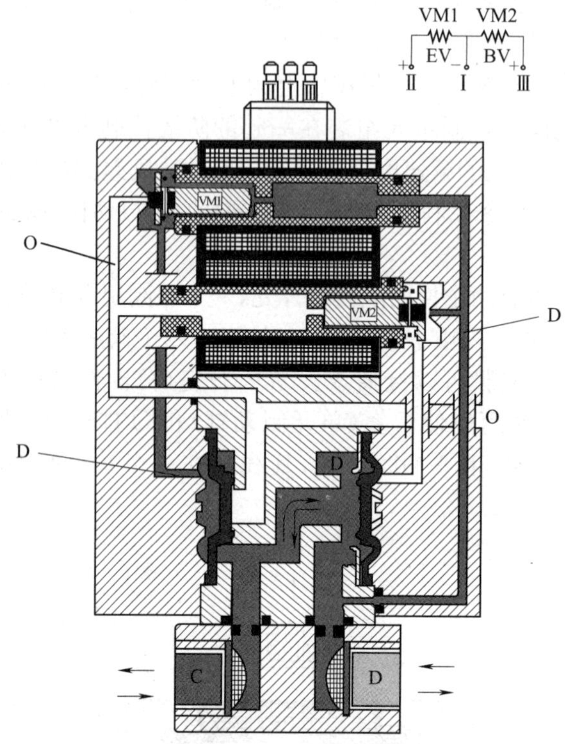

图 3-28　无防滑系统的制动与缓解

(2)制动。D 压力作用于 D 隔膜，由于控制室 SD 仍然没有压力，隔膜顶着锥形弹簧压向右侧末端，阀座 VD 开启。此时，通过开启的 VM1 内部阀座给控制室 SD 加载 D 压力，D 压力作用于 C 隔膜，阀座 VC 被关闭，D 室(分配阀或压力变压器)到 C 室(单元制动缸)的通路开通，车辆可不受防滑阀控制无障碍进行制动，如图 3-28 所示。

(3)制动的解除。在制动解除时阀门仍保持制动时的位置，即 D 室(分配阀或压力变压器)到 C 室(单元制动缸)的通路是开通的，随着 D 压力降低，C 压力也随着降低。

3. 通过防滑阀的制动与缓解

(1)缓解。两个阀用电磁铁励磁，通过 VM2 给控制室 SD 加载 D 压力，在 D 隔膜上压力平衡，锥形弹簧将隔膜压到阀座 VD 上，压力 D 被阻断。VM1 励磁，控制室 SC 压力通过 VM1 和 O 排向大气，C 压力将 C 隔膜推向左侧，阀座 VC 打开，C 压力经 VC 排向大气，如图 3-29 所示。

(2)通过防滑阀的再次制动。两个电磁阀均不励磁，控制室 SD 排气，SC 进气。其作用与未通过防滑阀的制动相同，如图 3-28 所示。

(3)通过防滑阀的保压。阀用电磁铁 VM1 不励磁，VM2 励磁，控制室 SD、SC 均加载 D 压力，隔膜将阀座 VD 和 VC 关闭，C 压力与 D 压力与排风口 O 的通道关闭，如图 3-30 所示。

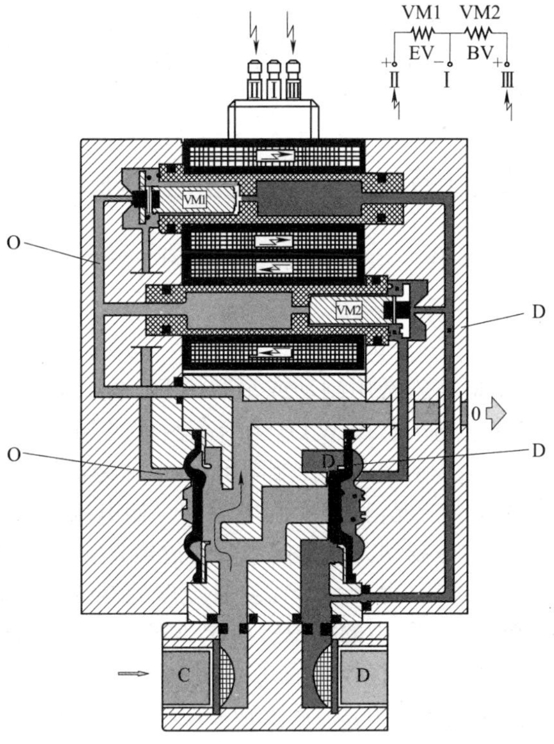

图 3-29　通过防滑系统的制动与缓解

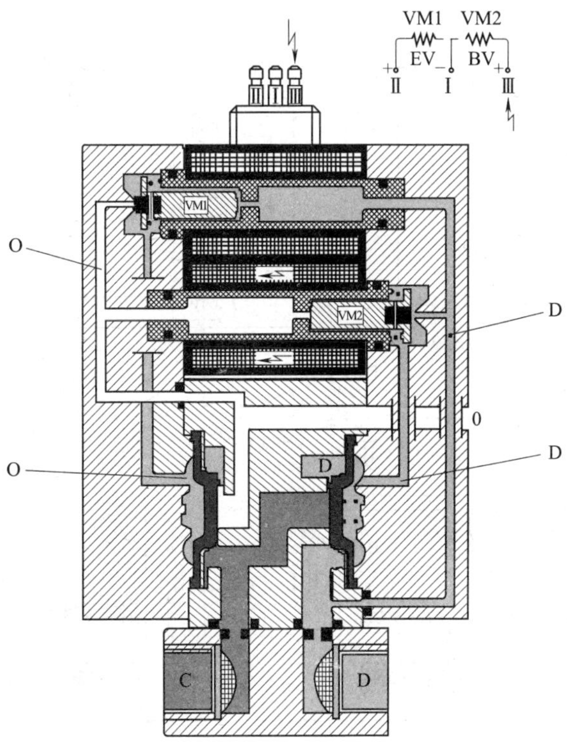

图 3-30　通过防滑系统的保压

因此，可以根据防滑系统调节逻辑的要求，通过对防滑阀的控制，快速（无级地）或慢速（一级一级地）增压及降压，进气或排气的压力梯度是由喷嘴 dD 和 dC 决定的，喷嘴的大小取决于需控制的制动缸容积。

第五节　空气制动的工作原理

空气制动的作用原理大同小异，下面以广州地铁为例说明地铁空气制动的基本作用原理。

一、常用制动作用

当司机操纵主控制器手柄实施常用制动或车载 ATC 系统实施常用别动时（图 3-31 所示），常用制动的指令信号通过列车总线 WTB 送给车辆总线 MVB，再传到每辆车的制动电子控制单元（B05 即 ECU 单元），制动电子控制单元（B05）根据列车总线送来的常用制动指令信号，结合列车的速度及载重情况，首先实施电制动。如电制动力不能满足要求时，电子制动控制单元根据牵引系统的电制动力大小信号及通过检查空气弹簧压力所得到的代表载荷大小的信号等，进行综合计算后，得到一个需要补充摩擦制动的电指令信号，此电指令信号送入制动机箱（B06 即 BCU 单元）中的模拟转换阀 AW4，并由 AW4 将电指令信号转变成相应的气指令信号（它是通过闭环进行控制的）C_{V1}，此气压指令信号又通过紧急制动电磁阀（B06. e）变成 C_{V2}、通过载荷限压阀（B06. c）后变成 C_{V3}，最后去控制中继阀（B06. d）动作，并经中继阀（B06. d）控制开通。

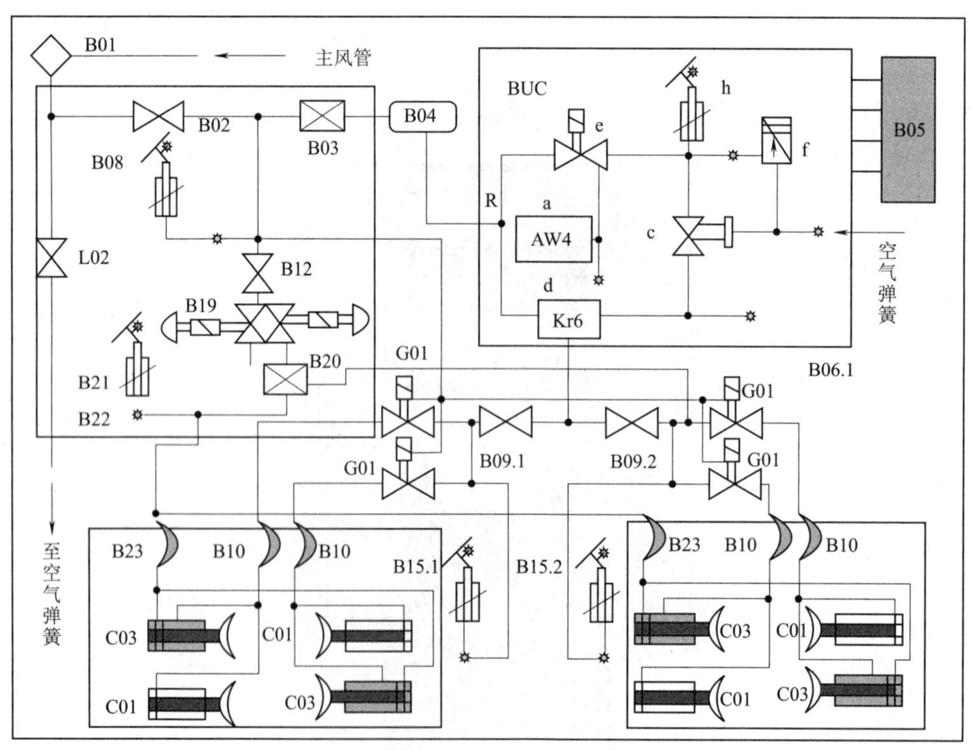

图 3-31　空气制动的工作原理

(1)充气通路。制动风缸(B04)→截断塞门(B09.1 或 B09.2)→防滑电磁阀(G01)→制动软管(B10)→制动缸(C01、C03),由制动缸产生常用气制动作用。

(2)排气通路。制动缸(C01、C03)→制动软管(B10)→防滑电磁阀(G01)→截断塞门(B09.1 或 B09.2)→中继阀(B06.d)→大气,常用制动缓解。

在常用制动时,对于动车,在电制动能力允许的条件下,它不但要承担本车的制动力,还要以电制动力的形式承担拖车所需制动力;当电制动(再生制动、电阻制动)力不能满足列车制动的要求时,则由拖车或动车补足空气制动力,但电制动力与空气制动力之和等于 ECU 电指令信号所要求的制动力。

二、紧急制动作用

当司机操纵或 ATC 实施紧急制动时,紧急电磁阀失电,直接开通制动风缸(B04)→紧急电磁阀(B06.e)→载荷限压阀(B06.c)→中继阀(B06.d)的气路,并由中继阀(B06.d)动作→截断定门(B09.1 和 B09.2)→防滑电磁阀(G01)→软管(B10)→制功缸(C01、C03)的气路,实施紧急制动作用。停车后紧急制动的缓解通路为:制动缸(C01、C03)→制动软管(B10)→防滑电磁阀(G01)→截断塞门(B09.1 或 B09.2)→中继阀(B06.d)→大气。

为了安全,紧急制动回路采用失电制动的形式,一旦失电,立即产生一个紧急制动过程。当出现下列情况之一,列车将实施紧急制动:

(1)松开警惕按钮超过 5 s;

(2)按下紧急制动按钮;

(3)列车脱钩;

(4)紧急电气列车线环路中断或失电;

(5)制动系统失去 DC100V 控制电源;

(6)ATC 系统发出紧急制动指令。

三、停车制动作用

1. 控制电源及风压正常

当司机按压停车制动施加按钮时,停车制动电磁阀(B19)Ka 动作,开通 C03 的停车制动缸→软管(B23)→双向阀(B20)→停车制动电磁阀(B19)→大气的通路,停车制动得以施加。

当司机按压停车制动缓解按钮时,停车制动电磁阀(B19)Kb 动作,开通减压阀(B12)→停车制动电磁阀(B19)→双向阀(B20)→软管(B23)→C03 的停车制动缸充气通路,停车制动得以缓解。

2. 控制电源无电但风压正常

如果风压足够而无控制电源时,可直接按压手动 Ka 或 Kb 进行手动施加或缓解停放制动。

3. 无电无气时

可拉动停放制动缸上紧急缓解环进行缓解。

复习思考题

1. 简述地铁电动车组对制动的要求。
2. 地铁制动类型有哪几种？其相互间是如何配合使用的？
3. 地铁制动模式有哪几种？分别有何特点？
4. 画图说明地铁制动系统控制流程。
5. 简述模拟转换阀的用途、构造及作用原理。
6. 简述中继阀的用途、构造及作用原理。
7. 简述紧急电磁阀的用途、构造及作用原理。
8. 简述称重阀的用途及作用原理。
9. 简述减压阀的用途、构造及压力调整方法。
10. 简述双向阀的用途及作用原理。
11. 简述防滑系统的组成。
12. 简述防滑阀的作用原理。
13. 简述地铁列车常用制动作用原理。
14. 简述地铁列车紧急制动作用原理。
15. 哪些情况下地铁列车会产生紧急制动？
16. 简述在不同情况下停放制动的施加及缓解过程。

第四章　地铁制动控制系统简介

第一节　EP2002 制动系统

EP2002 制动系统是由克诺尔公司(Knorr)研制生产的电气模拟指令式制动系统,其核心部件是 EP2002 阀,负责空气制动系统的控制、监控及与车辆控制系统的通信。

EP2002 制动系统采用架控式,一个 EP2002 阀控制一个转向架。当一个 EP2002 阀出现故障时,只有一个转向架上的空气制动失效,减小了对车辆产生的影响。

一、EP2002 制动系统的组成

EP2002 制动控制系统是用于铁路车辆的最新一代制动控制系统,将分布式结构纳入一体化的机电设计组合之中。传统的制动控制系统由一系列部件构成,包括中央气动控制、中央电子控制、局部转向架气动控制阀等,如图 4-1 所示。中央组合式 WSP 和制动控制电子装置实现对安装在每个转向架上的中央制动控制气动阀和 WSP 控制阀的控制。

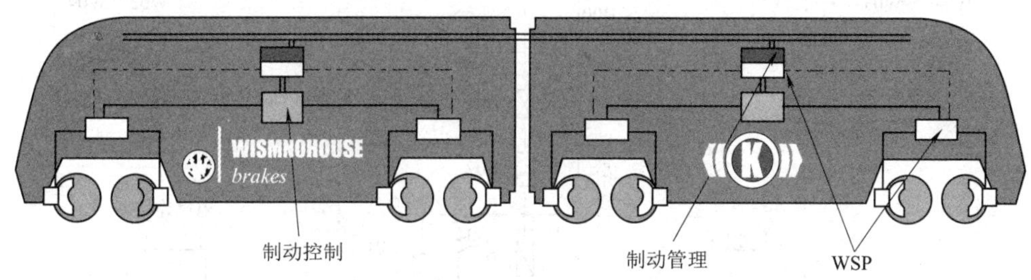

图 4-1　传统的制动控制结构

EP2002 将制动控制和制动管理电子装置与用于常用制动(SB)、紧急制动(EB)、和车轮防滑装置(WSP)的气动阀整合在同一个机电箱内,将其安装在各转向架(RBX4 阀)上。气压源可从一个中央点至每个 RBX4 阀或至每个局部的阀门。这种方法如图 4-2 中所示。

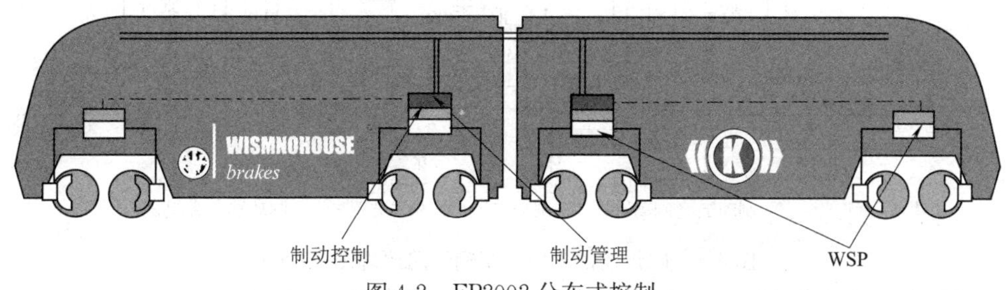

图 4-2　EP2002 分布式控制

EP2002 制动系统如图 4-3 所示。主要由 EP2002 阀、制动控制模块以及其他辅助部件

组成。部件集成化程度高、结构紧凑、节省安装空间，便于安装、使用和维护。

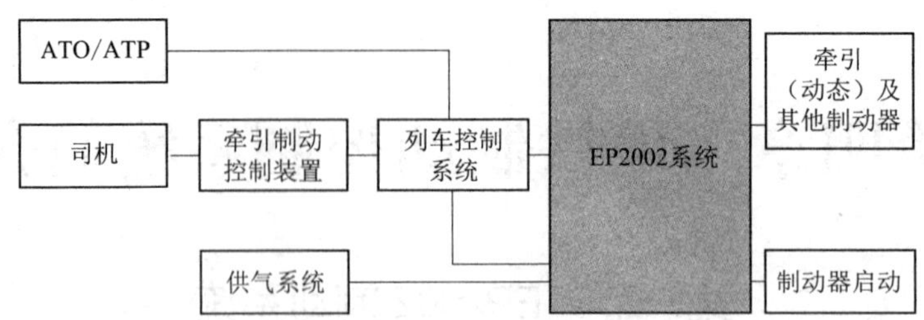

图 4-3　EP2002 制动系统分界

图 4-3 所示的 EP2002 系统范围内，整个 EP2002 系统的构造是将 2 个核心产品安排在必要的网络配置中。这 2 个核心产品是 RBX4 网关阀和 RBX4 智能阀，均安装在其控制的转向架上（每个转向架上一个）。二者之间通过专用 CAN 制动总线相连。

图 4-4 为广州地铁 3 号线动车气路原理图，拖车除了不设压缩空气供给装置、升弓装置、双针压力表和气笛外，气路原理图基本与动车相同。

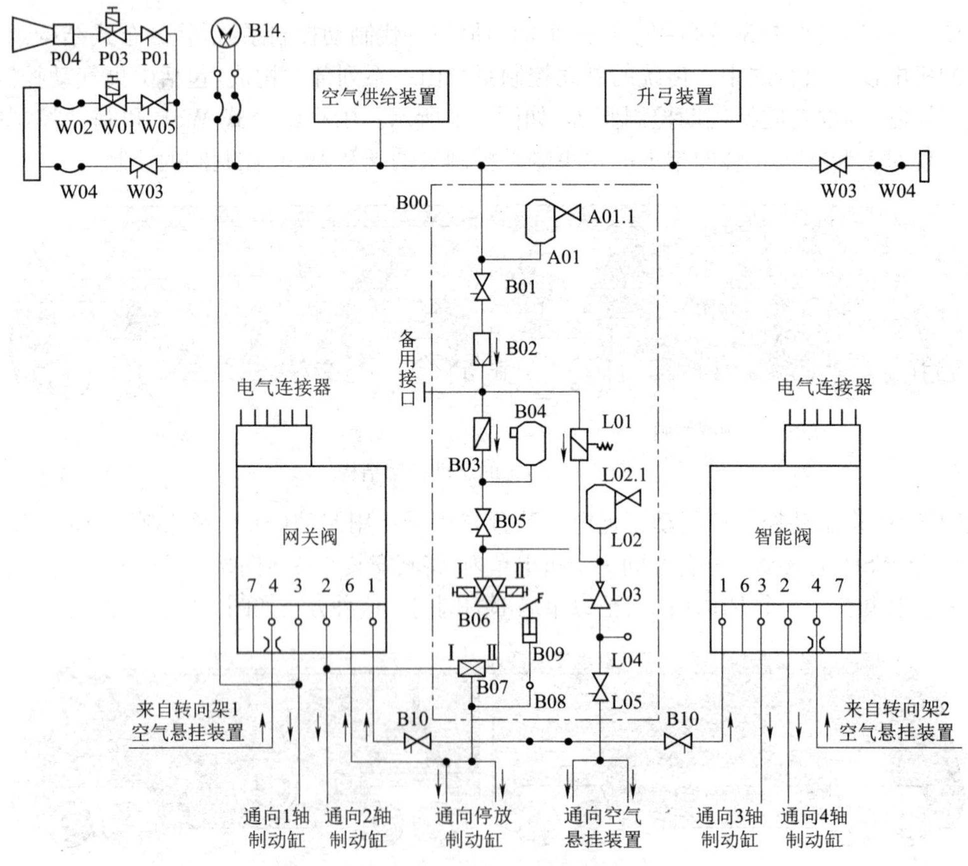

图 4-4　广州地铁 3 号线车辆气路原理图（动车）

B00—制动控制模块；B10—转向架空气制动切除塞门；P04—汽笛；W01—解钩电磁阀；W03—截断塞门

图 4-2 中，空气制动系统主要由以下几大部分组成：

①压缩空气供给装置——A 组设备。

②制动控制装置——B 组设备。

③车钩驱动装置——W 组设备。

④压缩空气悬挂装置——L 组设备。

⑤压缩空气信号装置(风笛)——P 组设备。

1. EP2002 阀

EP2002 阀相当于常规制动系统中制动电子控制单元 ECU 和制动控制单元 BCU 的集成部件,安装在其所控制的转向架附近的底架上(每个转向架对应一个阀),各阀通过专用 CAN 总线连接在一起。

(1)EP2002 阀的种类

根据功能的不同,EP2002 阀可以分为智能阀(EP2002 Smart)、远程输入/输出阀(EP2002 RIO)、网关阀(EP2002 Gateway)三种。

①智能阀(EP2002 Smart 阀)

EP2002 智能阀的结构如图 4-5 所示。智能阀主要包括电子控制部分(RBX 卡),气动伺服阀(PVU)、供电单元(PSU 卡),其中,RBX 直接安装在 PVU 上。

智能阀接收由 EP2002 网关阀通过 CAN 制动总线传输的制动要求,产生相应的控制电信号,来控制各自所在转向架上的制动缸压力(BCP)。同时,智能阀对每根轴的防滑控制单元(WSP)进行控制和监视,通过结合所在车轴速度数据和 CAN 制动总线传递的其他轴速度数据,执行防滑保护。

智能阀通过硬连线与列车安全回路(紧急制动回路)相连,当列车安全回路失电时,智能阀将使其控制的转向架产生紧急制动。智能阀通过 CAN 总线与其他 EP2002 阀进行通信。另外智能阀还对其控制的转向架的空气制动系统进行故障诊断及显示。

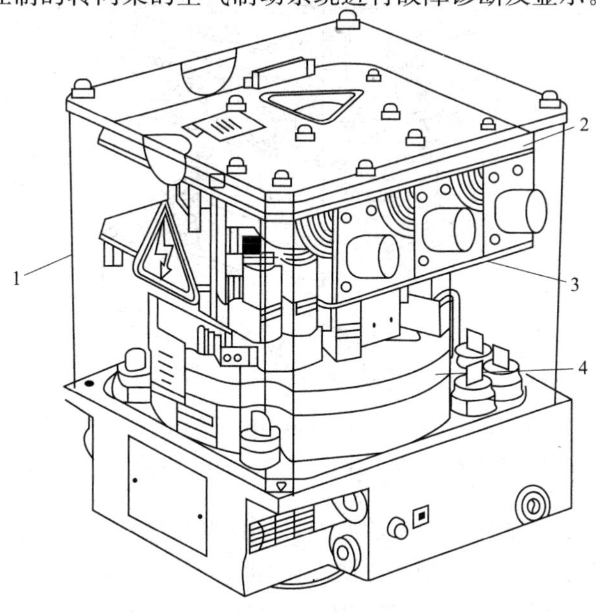

图 4-5 EP2002 Smart 阀结构示意图

1—装置外壳;2—RBX 卡;3—PSU 卡;4—PVU

智能阀的输入/输出如图 4-6 所示。

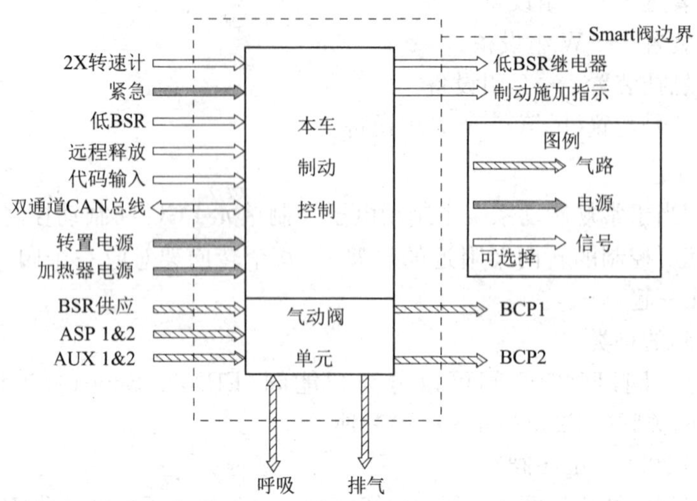

图 4-6 EP2002 Smart 智能阀的输入/输出示意图

②输入/输出阀(EP2002 RIO 阀)

RIO 阀相比智能阀增设了制动管理卡(BCU)、可选模拟输入/输出卡,如图 4-7 所示。

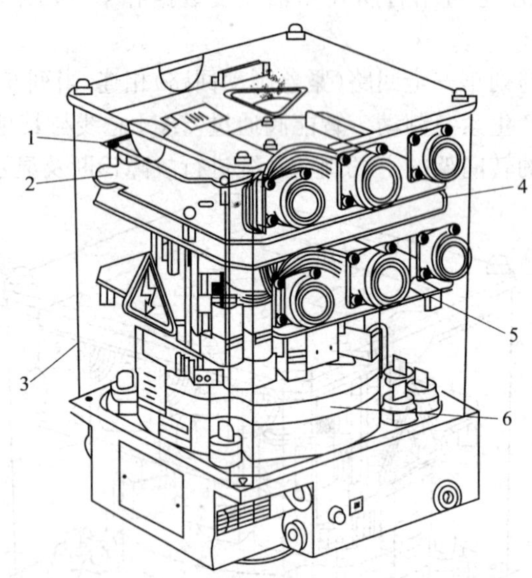

图 4-7 RIO 阀结构示意图

1—可选择的模拟输入/输出卡;2—BCU 卡;3—装置外壳;4—RBX 卡;5—PSU 卡;6—PVU 卡

输入/输出阀除具有智能阀的所有功能外,还可以通过硬连线与其控制的转向架上的牵引控制单元通信,使电制动和空气制动协调动作,但并不进行制动控制运算。

输入/输出阀读取可编程输入,通过 EP2002 双通道 CAN 总线传至主网关阀,其可编程输出状态由主网关阀控制。输入/输出阀的输入/输出如图 4-8 所示。

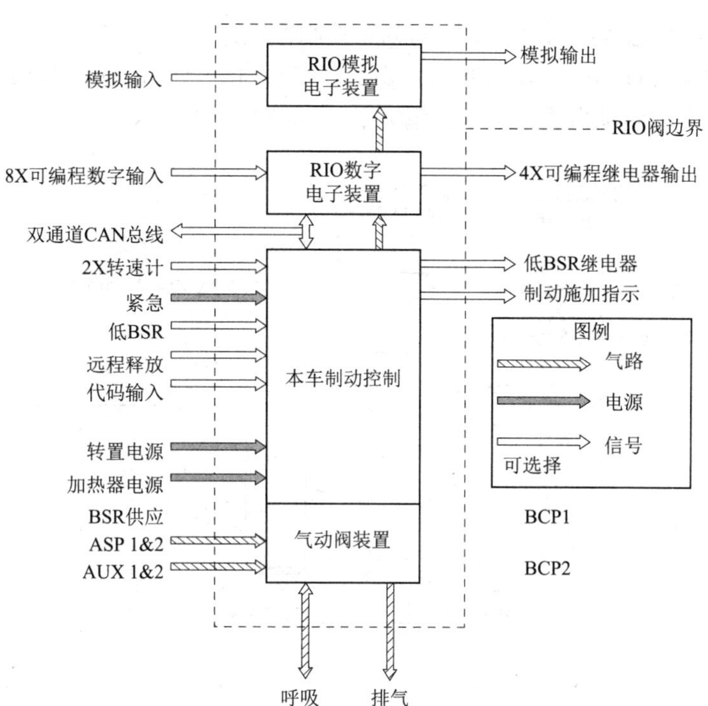

图 4-8　RIO 阀的输入/输出示意图

③网关阀(EP2002 Gateway 阀)

网关阀在输入/输出阀的基础上增设可选网络通信(COMMS)卡,如图 4-9 所示。

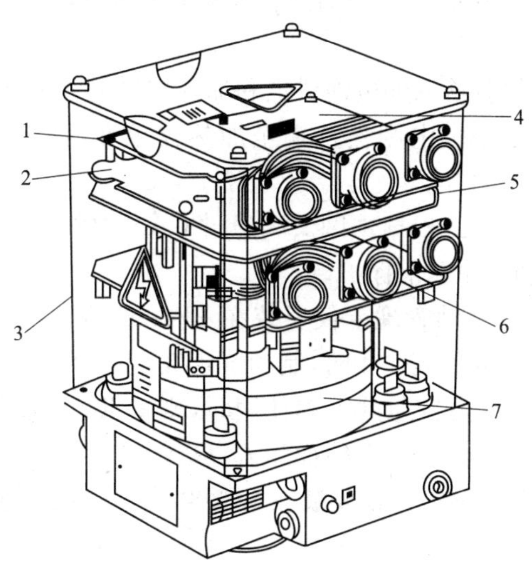

图 4-9　网关(Gateway)阀结构示意图

1—可选择模拟输入输出卡;2—BCU 卡;3—装置外壳;
4—可选择网络 COMMS 卡;5—RBX 卡;6—PSU 卡;7—PVU 卡

网关阀除具有 RIO 阀的所有功能外,还具有制动管理功能,并提供 EP2002 制动系统与列车管理系统之间的通信接口。EP2002 制动系统(包括网关阀、RIO 阀和智能阀)由网关阀的通信卡通过 MVB 总线(或其他总线)与列车控制系统进行通信。

网关阀的制动管理功能可以将制动力要求分配到列车上所有的 EP2002 阀,以便达到驾驶员/ATO 所要求的制动力。网关阀的输入/输出如图 4-10 所示。

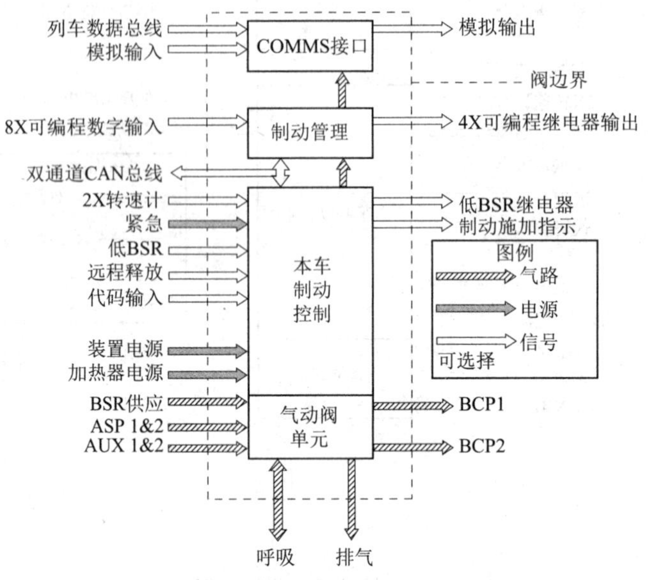

图 4-10　网关阀的输入/输出示意图

(2)EP2002 阀主要组成部分的作用

①气动阀单元(PVU)。接收本地制动控制卡发出的指令,控制常用制动、紧急制动或防滑保护时各轴的 BCP 压力。

②供电单元(PSU)。接收输入的电池供电和加热器供电。电池供电经调控后传送至设备内部其他电子元件;加热器供电则被传输至加热器单元,保证其可在极低温度下正常工作。

③本地制动控制卡(PSU)。根据主网关阀通过 CAN 总线传达的制动要求,控制 PVU 实施常用制动、紧急制动和车轮防滑保护。

④制动管理卡(BCU)。制动管理卡仅安装在 EP2002 网关阀中,具备对整列车进行制动管理的所需功能。作为主网关阀使用时,制动管理功能激活,并与所有其他的 EP2002 阀通过 CAN 总线建立通信。作为普通网关阀使用时,则 BCU 卡将作为一个远程输入/输出(RIO)工作,允许直接进入制动 CAN 总线而无需发送线缆信号至主网关阀。

⑤可选网络通信卡(COMMS)。仅安装在 EP2002 网关阀中,通信连接可用于控制数据和诊断数据的传输。

⑥可选模拟 I/O 卡。可选模拟 I/O 卡可安装在各型网关阀和 RIO 阀上,提供常用制动控制所需的模拟信号。

(3)EP2002 阀内部气路结构

所有 EP2002 阀的内部气路结构(PVU 单元)都是相同的,如图 4-11 所示,可划分为如下功能区域:

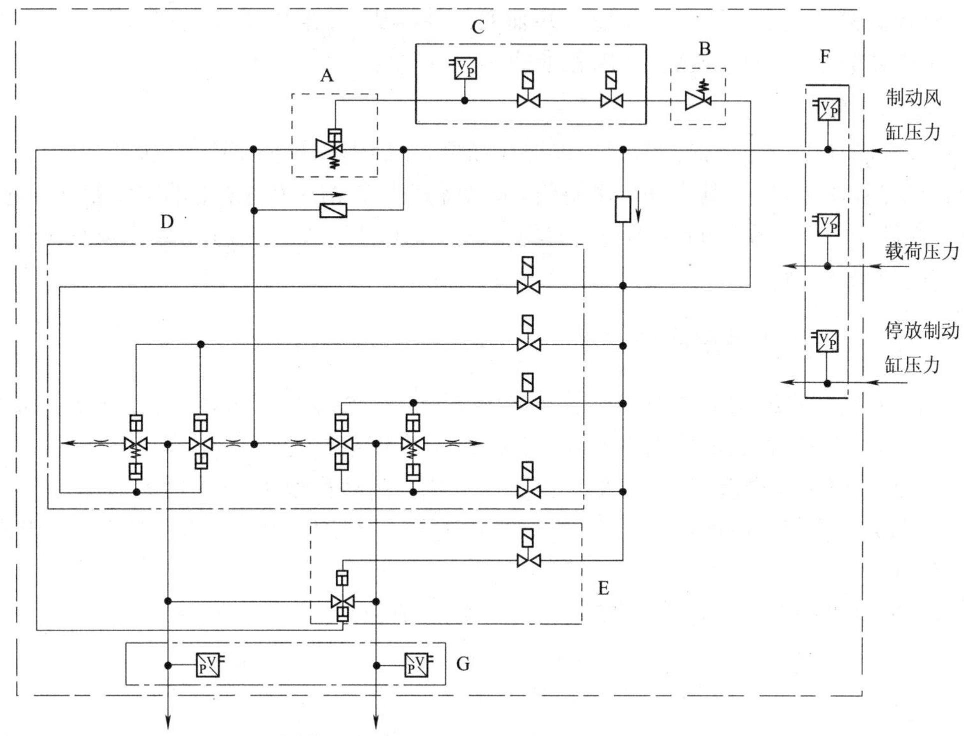

图 4-11　EP2002 阀内部气路原理图

A—主调节器；B—副调节器；C—载荷压力；D—制动缸压力调节器；E—连接阀；F、G—压力传感器

①主调节器(A 区域)。主调节器负责将供风压力调整至相应载荷的紧急制动压力值水平。如果称重系统发生故障，则负责提供一个最小(空载)紧急制动压力。

②副调节器(B 区域)。副调节器位于主调节器上游，负责将供给制动缸的压力限制在最大(超员载荷)紧急制动压力水平以下。

③载荷压力(C 区域)。载荷压力负责向主调节器提供控制压力，该控制压力在常用制动和紧急制动时有效，并与空气弹簧压力(ASP1、ASP2)成正比。

④制动缸压力调整器(D 区域)。制动缸压力调整器负责将主调节器的输出压力调整为要求的制动缸压力大小，同时也负责防滑保护功能激活时的制动缸压力调节。

⑤连接阀(E 区域)。连接阀可以将制动缸压力汇合或分开。在常用制动和紧急制动时，将两根轴上的制动缸输出气路汇合，以转向架为单位进行制动控制；在车轮防滑保护功能激活时，将两根轴的制动缸压力分离开来，每根轴上的制动缸压力由制动缸压力调整器单独调整控制。

⑥压力传感器(F 和 G 区域)。压力传感器用于内部调节或外部显示制动风缸压力、载荷重量、制动缸压力、停放制动等。

此外，EP2002 阀内部气路中还可以选配安装远程缓解、紧急制动冲动限值等功能模块。

2. 制动控制模块

制动控制模块的主要作用是储存风源、施加和缓解停放制动以及向 EP2002 阀和空气悬挂装置供风。

制动控制模块主要由风缸及其他一些辅助部件组成,并采用模块化结构集成到一个构架上。节省安装空间,便于安装、使用和维护。

3. 其他辅助部件

(1)空气制动力切除装置。为便于维护和隔离,在制动风缸向 EP2002 阀供风的气路中设有两个塞门(B10),操作其中任一个塞门,可以将其所控制的转向架上的空气制动切除。

(2)双针压力表。在每辆 A 车司机室内设有一个双针压力表,用于显示主风缸压力和本车第一轴制动缸压力。

二、EP2002 制动系统网络结构

从制动系统网络结构关系到列车制动控制、制动力分配等关键问题。EP2002 阀可通过多种方式安装在一起以满足系统要求,在构建 EP2002 网络结构时必须遵从以下规定:

①CAN 网络中至少有一个 EP2002 网关阀来执行制动管理功能(主网关阀);

②主网关阀将制动信息发送至 CAN 网络中的每一个 EP2002 阀,从 EP2002 阀获取制动反馈信息;

③CAN 总线长度可为 2～10 个转向架之间的任意值(1～5 节车辆);

④紧急制动线和远程缓解线一类的硬连线直接进入 EP2002 阀;

⑤如果智能阀要求较多输入/输出时应使用 RIO 阀。

目前应用较多的 EP2002 制动系统网络结构主要有以下两种。

(1)半列车 CAN 总线网络结构

半列车 CAN 总线网络结构是将半列车所有的 EP2002 阀用 CAN 总线相连,并由 B、C 车上的两个网关阀通过 MVB 总线(或其他总线)与列车控制系统进行通信,如图 4-12 所示。

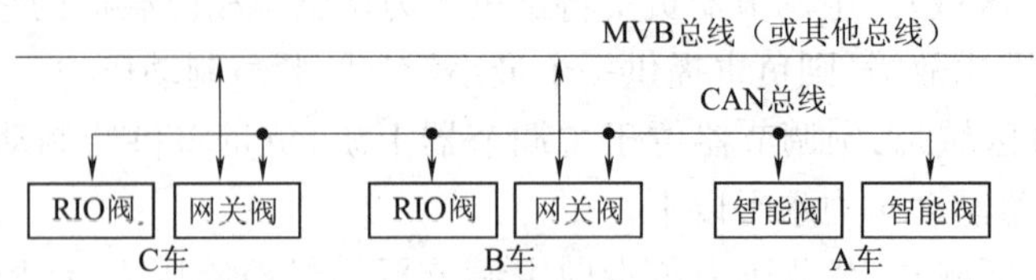

图 4-12　半列车 CAN 总线网络结构图

每半列车上 B 车和 C 车的两个网关阀为主从关系,其中一个定义为主网关阀,另一个为从网关阀。当主网关阀出现故障时,从网关阀能自动接替主网关阀的工作;如果 MVB 总线(或其他总线)出现故障时,网关阀将按照默认状态工作,保证系统具有良好的冗余性。

B、C 车上各设置一个 RIO 阀,通过硬连线与其控制的转向架上的牵引控制单元进行通信,使电制动和空气制动协调工作。根据实际情况,在满足网关阀与车辆总线信息传输量的情况下,可以用网关阀与 MVB 总线(或其他总线)之间的通信来代替 RIO 阀与其控制的转向架牵引控制单元的通信工作,这样 B 车和 C 车上的 RIO 阀就可以用智能阀带代替,增强了部件的互换性,同时也减少了备品备件的种类,经济型更好。

(2)单节车 CAN 总线网络结构

单节车 CAN 总线网络结构是将每节车上的两个 EP2002 阀用 CAN 总线相连,并由每节车上的网关阀通过 MVB 总线(或其他总线)与列车控制系统进行通信。如果 MVB 总线

(或其他总线)出现故障,则网关阀将按照默认状态工作。单节车 CAN 总线网络结构如图 4-13所示。

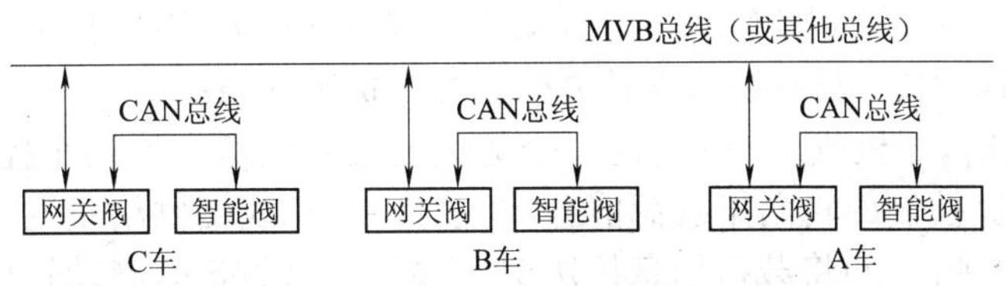

图 4-13　单节车 CAN 总线网络结构图

三、EP2002 制动系统工作原理

1. 工作逻辑

(1)单节车 CAN 总线网络结构。在单节车 CAN 总线网络结构的 EP2002 制动系统中,一般选择由列车上的主车辆控制单元(VCU)负责列车的制动管理,控制列车电制动力与空气制动力的分配。

制动指令由列车线传输给 VCU 和网关阀,主 VCU 连续循环计算所需制动力的大小(实际总制动力值由车辆载荷决定),再根据网压、电—空制动分配特性,将总制动力合理的分配给电制动控制单元和空气制动控制单元。VCU 和网关阀之间通过列车和车辆总线进行实际制动力施加值的数据交换,以使列车具有载荷补偿功能,并确保制动故障时车辆内部制动力的合理分配。

(2)半列车 CAN 总线网络结构。在半列车 CAN 总线网络结构的 EP2002 制动系统中,可以选择由列车上的主车辆控制单元(VCU)负责列车的制动管理;也可以设置两个半列车 CAN 总线网络结构中的任何一个主网关阀作为整个列车的主网关阀,负责列车的制动管理,另一个半列车 CAN 总线网络结构中的主网关阀作为备份。

其制动系统的工作逻辑图如图 4-14 所示。

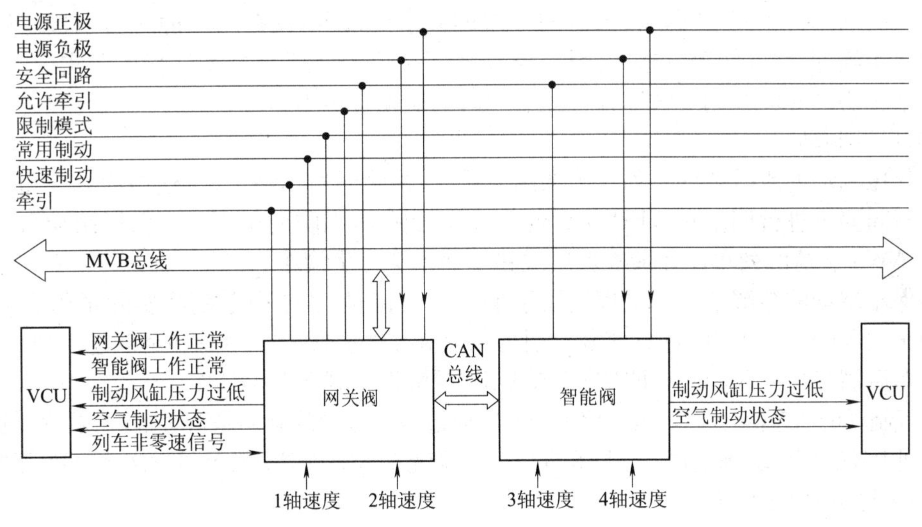

图 4-14　广州地铁 3 号线车辆制动控制系统工作逻辑图

2. 制动控制

(1)常用制动

常用制动模式优先采用电制动,当电制动故障或电制动力不足时,由空气制动补充。常用制动力受踏面黏着限制,具有防滑保护并受到冲击极限的限制。

实施常用制动时,司机或 ATO 发送一个相关的的制动信号给列车控制系统(TCMS)。每个 EP2002 阀将其控制的转向架载荷信息,通过 CAN 总线提供给主网关阀。主网关阀通过 MVB 总线(或其他总线)将载荷信息传送至 TCMS。TCMS 的制动管理系统根据载荷信息进行制动力计算。制动时优先采用再生制动,如果再生制动无法形成则自动转化为电阻制动。电制动力的大小通过 MVB 总线反馈给 TCMS,如果电制动力不足,制动系统将差值制动力信息通过 MVB 总线传送至主网关阀,主网关阀内的 BCU 将制动力重新分配后,经 CAN 总线将制动信息传输给本 CAN 网络中的 EP2002 阀,EP2002 阀中的本地制动控制卡根据此信息控制 PVU 追加气制动。

(2)快速制动

主控制器手柄处于快速制动位时列车触发快速制动,快速制动与紧急制动的制动率相同,快速制动时具有防滑控制功能,并受到冲击极限的限制。

快速制动时,EP2002 制动系统的工作原理与常用制动时相同,优先使用电制动,当电制动故障或电制动力不足时,由空气制动补充。快速制动命令可以恢复。

(3)紧急制动

紧急制动是列车在紧急情况下采取的制动方式,通过列车安全回路控制,一般情况下紧急制动可通过紧急按钮、列车超速、警惕按钮、车辆断钩、ATP 系统等触发。紧急制动一经触发,触发信号即可立即传输至列车控制单元和牵引控制单元,中断牵引系统工作,同时隔离常用制动控制。

紧急制动仅由空气制动提供,每个转向架的 EP2002 阀根据本转向架空气弹簧的载荷大小施加紧急制动。紧急制动命令在停车前不可恢复,紧急制动时仍具有防滑控制功能,但不受冲击极限的限制。

(4)停放制动

停放制动是为了满足列车较长时间停放的要求而设置,仅在列车静止时采用。停放制动采用弹簧施加、空气缓解方式,并具有手动缓解功能。任意一个停放制动在实施时,牵引都是被禁止的,EP2002 阀实时监控停放制动时的制动缸压力。

(5)保压制动

①保压制动的激活条件。列车施加制动后,当检测到列车停车(车速约为 0.5 km/h,可以根据不同要求进行调整)时,EP2002 阀激活保压制动,以防列车溜车。保压制动力的大小将保证 AW3 载荷的列车停在最大坡度线路上而不会发生溜车。

②保压制动的缓解条件。主控制器手柄置牵引位时,各牵引系统将实际牵引力数值发送至列车主 VCU,主 VCU 计算实际牵引力的总和。当实际牵引力总和足以起动列车(不会引起列车后溜)时,主 VCU 向 EP2002 阀发出“缓解保压制动”信号。

空气制动的状态信号将反馈给 VCU,VCU 通过该信号确认制动是否缓解,如果空气制动在某段时间内没有完全缓解,则主 VCU 将向各牵引系统发出中断牵引指令,并再次施加保压制动。

(6)车轮防滑保护功能

车轮防滑保护系统采用轴控防滑方式,主要包括防滑阀、测速齿轮、速度传感器、防滑电子控制单元等，防滑电子控制单元和防滑阀都集成在 EP2002 阀内。

车轮防滑保护系统采用减速度、速度差两种防滑判据，当由任一判据检测到车轮滑行时，负责其转向架控制的 EP2002 阀将快速沟通该轴制动缸与大气之间的通路，通过减小制动缸压力来消除滑行现象；同时，控制系统定期执行地面速度检测，以便更新计算实际列车速度，从而精确地控制滑行深度，保证在低黏着情况下使用最大制动力而不产生车轮擦伤。当车轮防滑保护装置计算确定黏着条件恢复到正常状态时，系统也将回复初始状态并停止地面速度检测。

四、EP2002 制动系统的优缺点

1. EP2002 制动系统的优点

(1)EP2002 制动系统采用架控式，减小了系统故障对列车的影响，尤其适合于短编组的地铁列车。如果一个 EP2002 阀出现故障，则只有一个转向架的制动失效，列车只需要对此转向架损失的制动力进行补偿即可。

(2)可以根据每个转向架的载荷调整施加在其上的制动力，比常规制动控制单元以每节车载荷压力进行制动力控制更加精确和优化。

(3)空气消耗量减少、缩短了制动响应时间、提高了制动精确度。

(4)节省安装空间、重量轻、布管和布线数量少。

(5)故障率低，维护工作量小。

(6)缩短了安装和调试时间、降低总体成本。

2. EP2002 制动系统的缺点

(1)关键部件维护难度加大。由于 EP2002 阀的技术含量和集成化程度很高，如果出现故障，需要将整个阀送回制造厂家进行维修，维修周期长。

(2)互换性差。在 EP2002 制动系统中，如果一个 EP2002 阀出现故障，只能够用相同类型的阀进行更换。

(3)无直观的故障代码显示，只能通过专用软件查找故障。

第二节　KBGM 模拟式电气指令制动系统

KBGM 制动系统是克诺尔公司(Knorr)生产的模拟式电气指令制动系统，系统用列车总线贯通全车，形成连续回路，采用脉冲宽度调制(PWM)电气指令，能进行无极控制。具有再生制动、电阻制动、空气(摩擦)制动三种制动方式，分别为第一、第二、第三优先原则。

列车制动时，首先采用动力制动，并优先采用再生制动，再生制动力不足时由电阻制动力补充(如再生制动失败，电阻制动将承担全部动力制动)。动力制动力不足时，由空气制动补充，并采用拖车空气制动优先补充的制动力分配原则。在低速范围内(<10 km/h)，动力制动将被全部切除，所有给定的制动力全部由空气制动提供。

一、KBGM 制动系统组成

KBGM 制动系统由动力制动系统、空气制动系统及指令与通信网络系统组成。其中，空气制动系统由供气系统、制动控制单元(BCU)、电子制动控制单元(EBCU)、防滑系统、辅助控制单元(ACU)及单元制动机等部分组成，如图 4-15 所示。

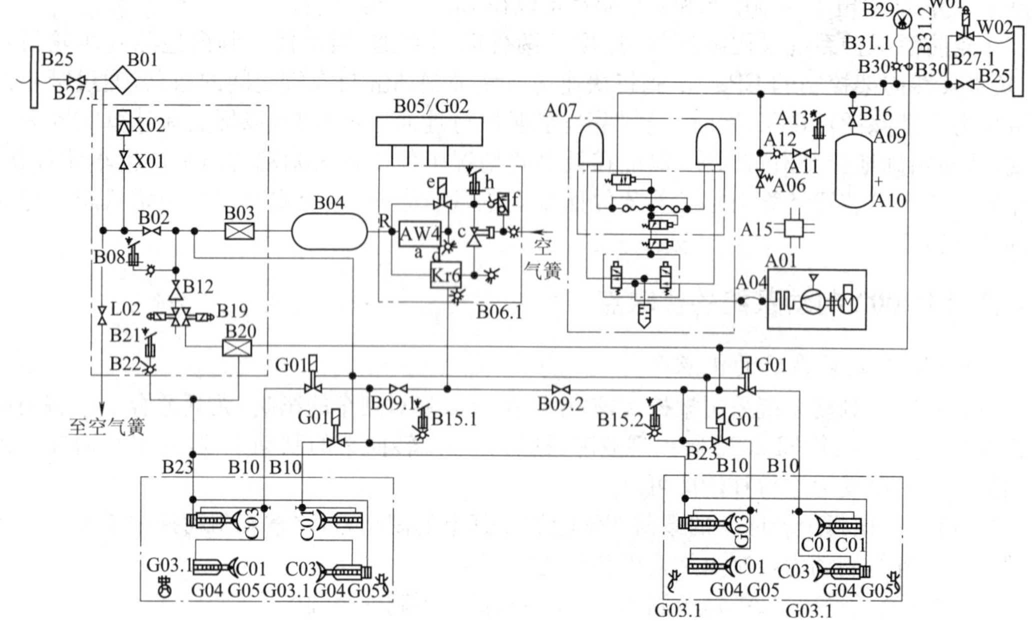

图 4-15 KBGM 制动系统

1. 供气系统

供气系统主要由空气压缩机组、空气干燥器、风缸、压力控制器等组成，为空气制动系统、受电弓升降、客室气动门、空气悬挂系统和雨刮器等提供压缩空气。

各车均装有 4 个风缸(总风缸、空气弹簧风缸、制动储风缸、客室气动门风缸)。装备空气干燥器的车辆还安装有再生风缸。

空气压缩机为每个车组提供足够的干燥压缩空气。供气过程中，由安全阀和压力继电器对空气压力进行监控。安全阀的锁定值为 1 000 kPa，压力继电器的开启压力为 700 kPa，切断压力为 850 kPa。

2. 制动控制单元(BCU)

制动控制单元(BCU)是电控制动的核心，主要由模拟转换阀(EP 阀)、紧急阀、称重阀(空重车阀)、中继阀、载荷压力传感器等部件组成。制动控制单元采用模块式设计，所有零部件都安装在车底箱体内的铝合金气路板上，如图 4-16、图 4-17 所示。

图 4-16 制动控制单元 BCU(B01.06)

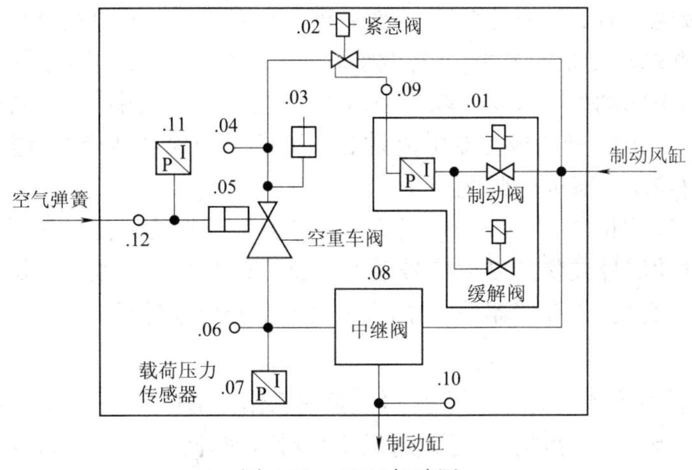

图 4-17　BCU 气路图

BCU 的主要作用是将 EBCU 发出的制动指令信号通过模拟转换阀按比例转换成预控制压力 C_V，预控制压力 C_V 呈线性变化，并受到称重阀和防冲动检测装置的检测和限制。再通过中继阀沟通制动总风缸与制动缸的通路，并对制动缸压力进行控制，使制动缸获得符合制动指令的空气制动压力。

3. 电子制动控制单元(EBCU)

制动系统中设置有微处理机用于控制电空制动并进行防滑控制，一般称其为电子制动控制单元(EBCU 或 ECU)，它是空气制动管理控制的核心。

运行列车实施制动时，EBCU 通过 MVB 总线接收所有与制动相关的信号，计算出现时所需要的制动力，并发出相应的制动指令。该制动指令输出至 BCU，进行空气制动补充控制。同时，EBCU 对每轮对滑行进行独立保护控制，实时监测各轴转速，一旦发生滑行，EBCU 迅速向该轴防滑阀发出指令，使制动缸迅速排气，解除该轮对的滑行。

此外电子制动控制系统还具有制动控制系统的故障自诊断和故障存储功能。

电子制动控制单元工作原理如图 4-18 所示。

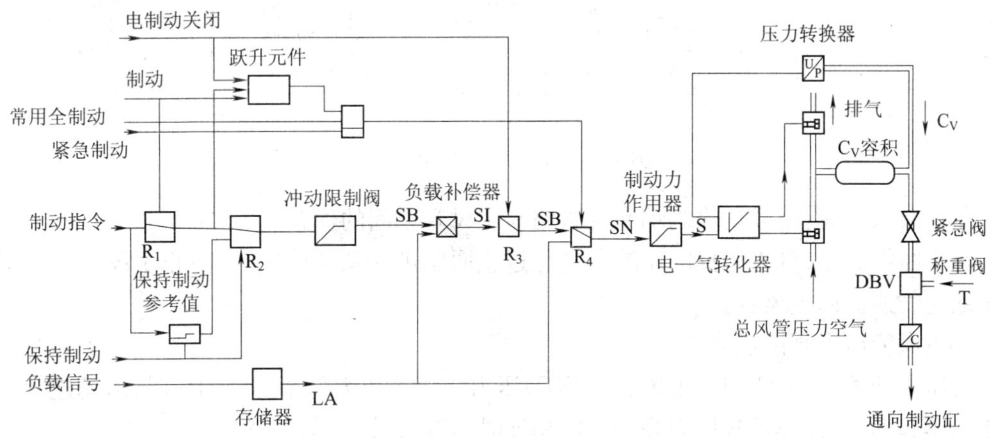

图 4-18　EBCU 工作原理

ECU 根据制动要求发出制动指令时，开关线路 R_1 导通，制动指令通过 R_1、R_2 到达冲动限制阀，检验其减速度的变化率是否过大，然后进入负载补偿器。负载补偿器将根据存储器中的负载大小检测制动指令的大小，并将调整后的制动指令送至开关线路 R_3、R_4（为防止制动力过大，R_3 只有电制动关闭触发才能导通），再送至制动力作用器。从制动力作用器输出的电信号经电-气转换器，转换成控制电流，控制 BCU 中的模拟转换阀，同时接受模拟转换阀的反馈信号，对控制电流进行调整。

列车处于低速范围时（<4 km/h），制动指令将被保压制动代替。常用全制动或紧急制动时，最大常用制动信号或紧急制动信号触发旁路（或门电路），输出高电平驱动开关电路 R_4，使制动作用器直接接受存储器的信号，大大缩短信号传输时间。

4. 防滑系统

防滑系统是制动控制系统的一部分，可以独立工作。每根车轴上都设有排气阀，由防滑系统控制。若某一轮对上的制动力过大造成车轮滑行时，防滑系统控制与该轮对对应的排气阀迅速连通制动缸与大气通路，使制动缸迅速排气，解除滑行现象。

5. 辅助控制单元（ACU）

辅助控制单元（ACU）的主要组成元件集成在一块铝合金气路板上，如图 4-19 所示。

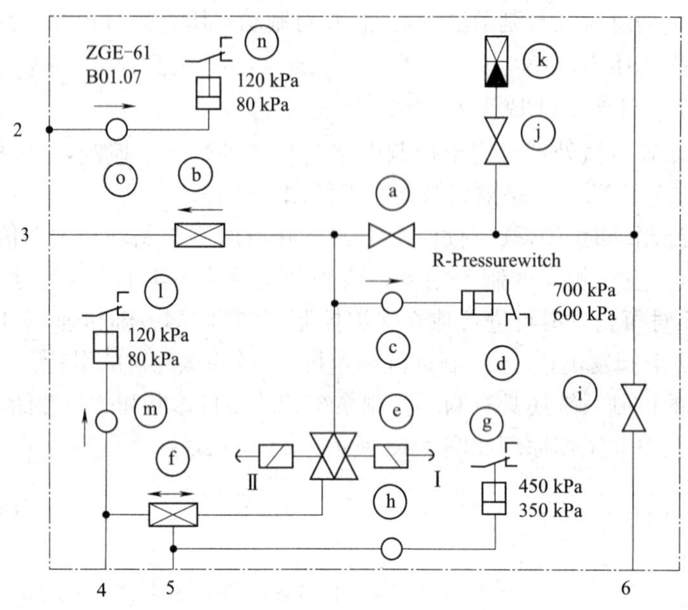

图 4-19 辅助控制单元气路图

①截断塞门ⓐ：用以切除制动系统管路与主风管之间的通路。

②止回阀ⓑ：来自主风缸的压缩空气经过止回阀进入制动储风缸，防止主风缸压力下降时压缩空气逆流回主风缸。

③主风管压力测试点ⓒ。

④压力开关ⓓ：检测列车主风管（MRE）压力，MRE 压力低于 600 kPa 时，启动连锁作用阻止列车起动运行。MRE 压力高于 700 kPa 时，启动连锁自动撤销。

⑤脉冲电磁阀ⓔ：控制停放制动施加与缓解。

⑥双向阀ⓕ：防止常用制动与停放制动同时施加而造成制动力过大。

⑦压力开关⑧:监控停放制动状态。压力低于 350 kPa 时,停放制动指示灯亮,表示停放制动已施加;压力高于 450 kPa 时,停放制动指示灯灭,表示停放制动已缓解。

⑧停放制动压力测试点ⓗ。

⑨截断塞门ⓘ:用以切除空气弹簧控制系统管路与主风管的通路。

⑩截断塞门ⓙ:用以切除车间外接供气管路与主风管的通路。

⑪车间外接供气快速接头ⓚ。

⑫压力开关ⓛ:监控转向架 2 常用制动的状态,压力低于 80 kPa 时,表示常用制动已缓解;压力高于 120 kPa 时,表示常用制动已施加。

⑬转向架 2 制动缸压力测试点ⓜ。

⑭压力开关ⓝ:监控转向架 1 常用制动的状态,压力低于 80 kPa 时,表示常用制动已缓解;压力高于 120 kPa 时,表示常用制动已施加。

⑮转向架 1 制动缸压力测试点ⓞ。

二、KBGM 制动系统作用原理

在常用制动模式下,电制动和空气制动都处于激活状态。主控制器产生制动指令参考值信号,通过脉宽调制转换器转换成 PWM 信号,传送至各车的牵引控制单元(DCU)和电子制动控制单元(EBCU)。DCU 首先产生电制动,同时向本车及 A 车的 EBCU 发出信号。各车 EBCU 根据此信号及 PWM 信号,判断电制动是否能够满足制动要求。如电制动力不足,则计算出需要补充的空气制动力,向 BCU 发出气制动指令信号。模拟转换阀将该信号转换成对应的预控制压力。该预控制压力呈线性变化,并受到称重阀和防冲动检测装置的检测和限制,最后使制动缸获得符合制动指令的空气制动压力。

KBGM 制动系统的工作原理如图 4-20 所示。

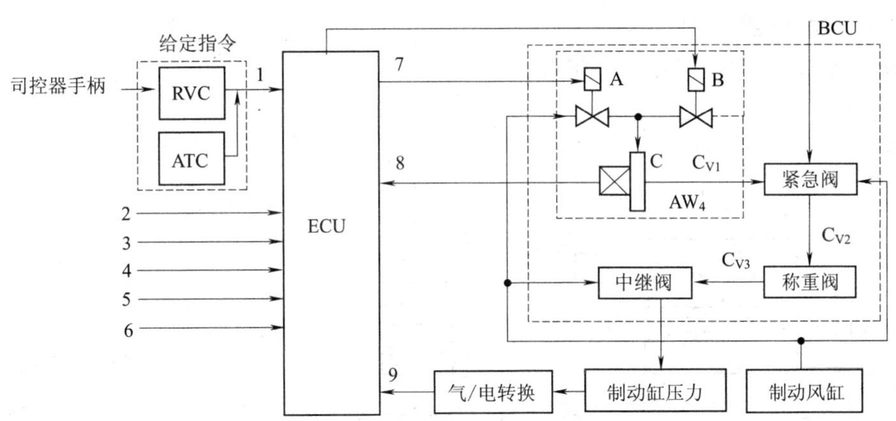

图 4-20　空气制动控制原理图

1. 常用制动

当司机操纵主控制手柄或由 ATC 系统实施常用制动时,常用制动指令信号通过列车总线传送给每辆车的 EBCU,EBCU 根据常用制动指令信号、牵引系统电制动力大小信号、车辆载荷(空气弹簧压力)信号进行综合计算,得到需要补充的气制动电指令信号,送入 BCU 模拟转换阀。

模拟转换阀接收到 EBCU 发出的制动指令时，电磁进气阀得电励磁，吸开阀心，制动储风缸压力空气进入模拟转换阀，转变成与电指令要求相符的预控制压力 C_{V1}，经紧急阀(励磁工况)转换为预控制 C_{V2}(C_{V2}受阀的通道阻力影响，比预控制压力 C_{V1}略有下降)，进入称重阀。称重阀根据车辆载荷对 C_{V2}进行调整，输出预控制压力 C_{V3}进入中继阀。C_{V3}进入中继阀后，开放进气阀，使制动储风缸压力空气充入各制动缸，产生制动作用。

模拟转换阀接到 EBCU 发出的缓解指令时，模拟转换阀排气阀开放，使预控制压力 C_{V1}排向大气。C_{V2}、C_{V3}压力空气分别在紧急阀、称重阀中消失。中继阀活塞下移，排气阀口开启，各单元制动缸的压力空气排入大气，列车缓解。

如果载荷压力传感器故障或因其他原因，引起空气弹簧信号失效时，EBCU 将产生一个 AW3 载荷条件下的制动指令，常用制动根据 AW3 载荷执行。

2. 紧急制动

紧急制动时，紧急制动控制回路断开，紧急阀处于不励磁工况，打开 R 压力端口。制动储风缸压力空气将绕过模拟转换阀，直接进入称重阀。称重阀根据车辆负载输出最大预控制压力，进入中继阀。中继阀进气阀打开，制动储风缸压力空气直接充入各单元制动机的制动缸，产生紧急制动作用。

紧急制动产生的条件：

①人工驾驶松开警惕按钮超过 5 s。

②按下紧急制动按钮。

③列车脱钩。

④列车紧急制动电气环路中断或失电。

⑤制动系统失去 DC 110 V 控制电源。

⑥ATC 系统发出紧急制动指令(如超速)。

3. 防滑控制(图 4-21)

防滑系统作用原理如图 4-21 所示。

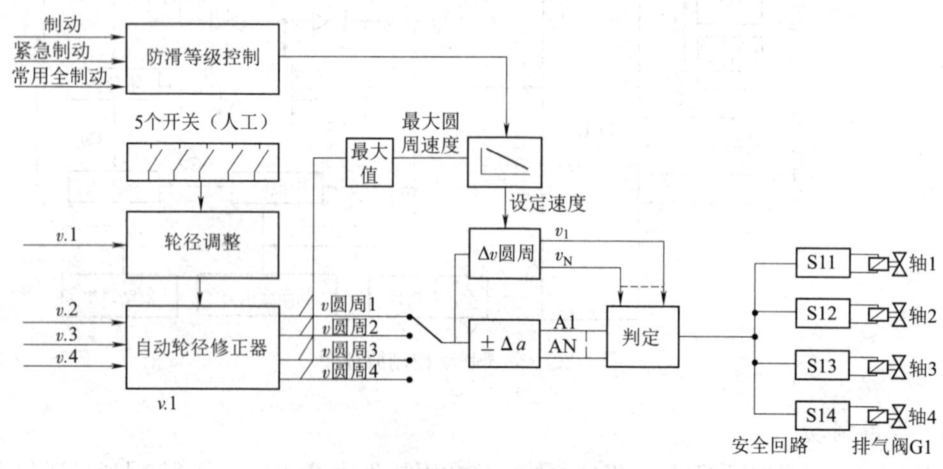

图 4-21 防滑控制系统作用原理

列车启动后，防滑系统对每个轮对的圆周速度进行检测，形成一个参考速度以取代列车速度，并用防滑排气阀控制车轮的滑行和减速度。轮对的速度和减速度与设定的标准相比较形成控制排气阀的指令。

由于轮对踏面加工、磨耗等因素造成直径差异，轮对线速度有差别。在防滑控制系统中设置了人工轮径调整装置。利用人工轮径调整装置开关的分、合位置不同，将车轮直径分为32挡(每挡3 mm)。将每车的1位车轴调整到其相应的规定值，其余各轴会根据轴端的速度传感器输出的速度信号进行自动调整。

第三节　HRDA数字指令式制动系统

HRDA制动系统由纳博特斯特公司(Nabtesco)生产，采用数字指令式、电空直通制动方式，可与ATP配合，具有七级常用制动、快速制动、紧急制动以及保压制动等模式，采用拖车空气优先补充的制动力分配原则，反应迅速，性能良好。

一、系统组成

HDRA制动系统由动力制动系统、空气制动系统、指令与通信网络系统三部分组成。其中，空气制动系统由供风单元、电子控制单元(ECU)、制动控制单元(BCU)、防滑控制单元、停放制动单元等组成，如图4-22所示。

二、制动控制单元(BCU)

制动控制单元由气路板及集成安装在气路板上的相关气动部件组成，主要包括EP电空转换阀、紧急电磁阀、空重阀、中继阀、制动缸预控制传感器和载重压力传感器等。

三、制动电子控制单元(ECU)

HRDA制动系统在每辆车上都设有一套制动电子控制单元，以16位单片微处理器为主机，采用数字计算处理方式，并设有控制和监视两种CPU。对M—T单元的两辆车进行制动力控制。

制动电子控制单元(ECU)由常用制动指令线接收常用制动指令，并检测两个空气弹簧的压力，从而决定本车的制动模式。M车ECU将本车与T车的车载信号加在常用制动指令上之后计算制动力模式，制动力指令信号将所需的制动力输出至主电路装置(VVVF)，产生动力制动。其后，当ECU从VVVF接收到动力制动有效信号时，将VVVF的动力制动力等效信号作为有效信号进行电空运算，进行电空制动协调控制。在进行M—T单元制动力补足计算时，采用T车优先补足空气制动模式，如图4-23所示。

1. 作用原理

(1)常用制动。常用制动指令由制动控制器或ATO装置产生，通过3根列车贯通线，传输至制动控制装置。常用制动分为7级，使用坡道起动开关时，系统发出相当于3级常用制动的制动指令，常用制动指令传送系统如图4-24所示。

M—T单元制动力控制采用电空协调配合，动力制动优先方式，对T车优先使用空气制动补充模式。M车制动电子控制单元将T车空气制动补充模式作为减算指令传输给T车的制动电子控制单元。T车的制动电子控制单元根据该指令，进行本车空气制动补充模式计算，然后发出相应指令到制动控制单元(BCU)，控制空气制动力的施加，如图4-25所示。

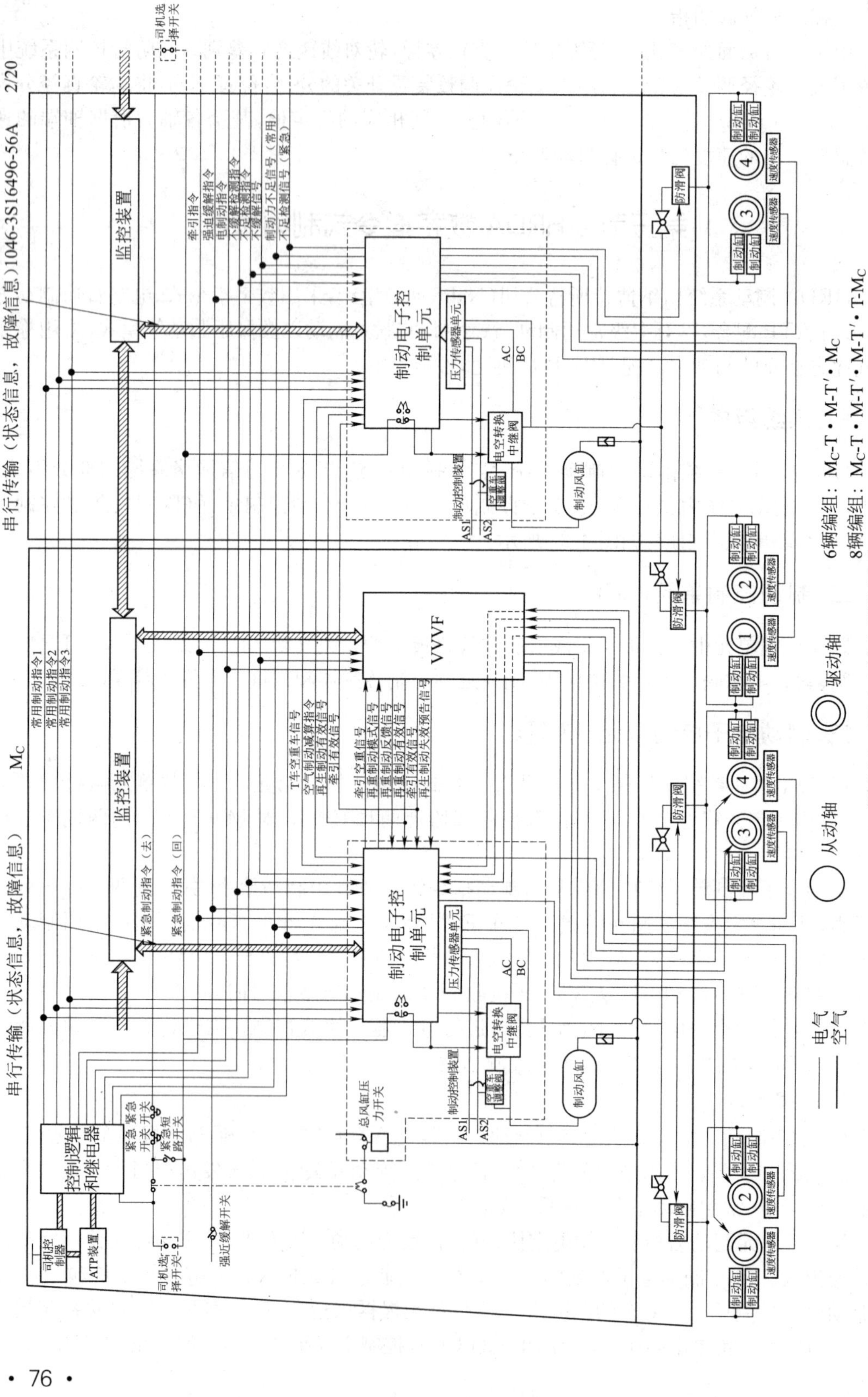

6辆编组：M_C-T·M-T'·M_C

8辆编组：M_C-T·M-T'·M-T'·T-M_C

图4-22 HRDA制动系统组成

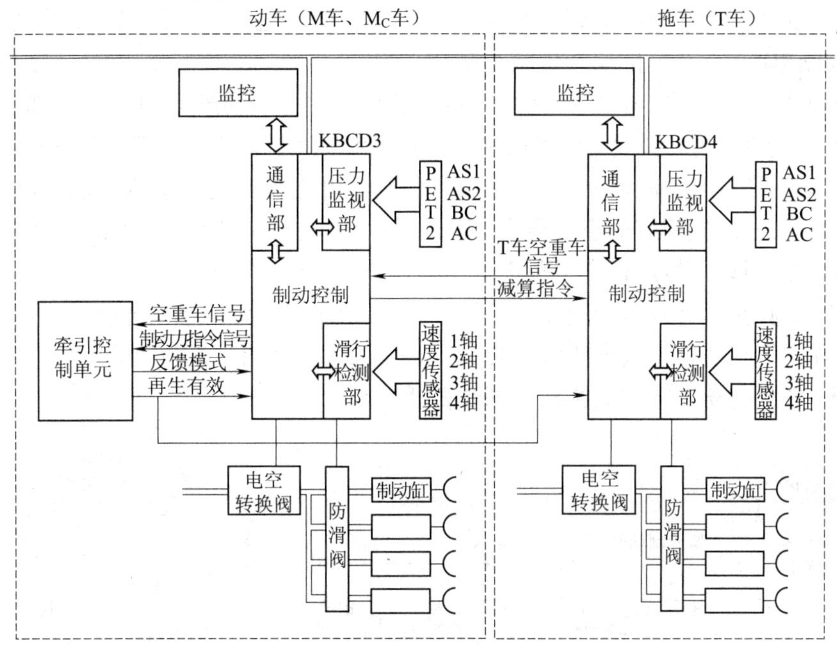

图 4-23　制动控制单元组成方框图

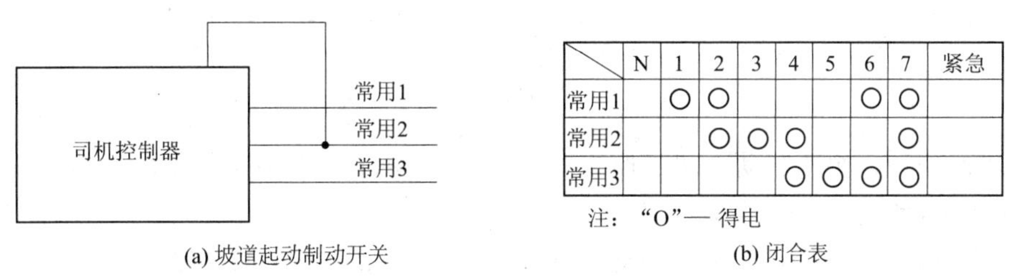

(a) 坡道起动制动开关

	N	1	2	3	4	5	6	7	紧急
常用1		○	○				○	○	
常用2			○	○	○			○	
常用3					○	○	○	○	

注："O"— 得电

(b) 闭合表

图 4-24　常用制动指令传送系统方框图

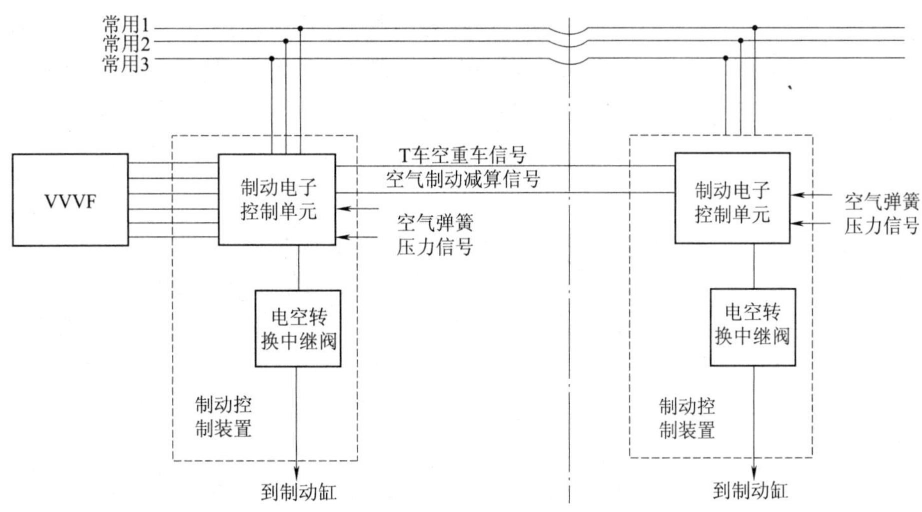

图 4-25　常用制动系统方框图

(2)紧急制动。紧急制动采用列车贯通线(紧急线)断电而产生制动作用的常时带电系统。紧急线断电时,全列车自动产生紧急制动作用。

紧急制动由ATP指令、司机控制器指令(手动指令)、紧急制动按钮、列车分离(脱钩)、总风缸压力显著降低、司机警惕装置、紧急回路中断或失电、制动系统DC 110 V控制电源失电等触发。

紧急制动不经过电子制动系统,直接由紧急制动电磁阀控制。紧急制动时,称重阀根据每辆车的载荷信号产生相应的空气压力,由模拟转换阀传输至中继阀,中继阀将来自紧急制动电磁阀的紧急制动信号进行流量放大后送入制动缸,产生紧急制动作用。

发生紧急制动时,所有车辆受电弓降下、主断路器断开,牵引系统电源立即中断并被锁住,车辆只有空气制动而无法产生动力制动。紧急制动发生后,运行列车必须完全停止,中途不能撤除,紧急制动系统框架结构如图4-26所示。

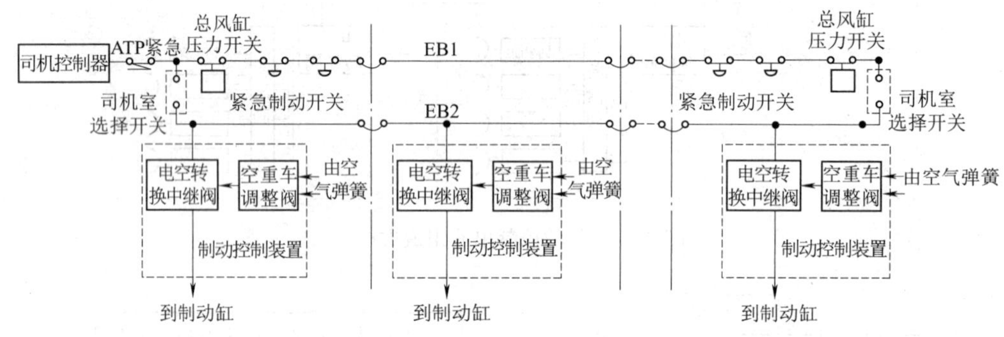

图4-26 紧急制动系统方框图

(3)快速制动。快速制动由司机控制器控制,通过列车线将快速制动信号传输至制动控制装置而产生,使列车迅速停车。

当司机控制器手柄移至"快速制动"位时,将施加与紧急制动减速度相同的电空混合制动,并优先使用电制动,不足时由空气制动补充。当司机控制器手柄移至"缓解"位时,即可撤除快速制动,车辆得以缓解。

(4)防滑控制。防滑控制系统通过速度传感器检测各轴转速,脉冲发生器将其转换为相应的脉冲信号传送给制动电子控制单元,制动电子控制单元对各轴脉冲信号进行分析判断,控制各轴的防滑防滑电磁阀排出、保持或供给制动缸压力空气,如图4-27所示。

2. 其他功能

(1)制动缸压力监控功能

系统中设置监控微处理器,在制动控制失效时,也可监视制动缸压力。

①ECU根据不缓解检测线的输入,确认是否缓解。不缓解检测线通电时,经过5 s制动缸压力仍超过规定值,ECU即判断为发生制动不缓解。ECU向该车发出强迫缓解指令驱动防滑阀,强制排出制动缸内压力空气。

不缓解检测线在以下情况时通电:没有紧急制动作用时;没有常用制动作用时;没有ATP制动作用时。

②制动力不足检测时,制动缸压力经过3.5 s后还没有超过规定值,ECU即判断为发生制动力不足,迅速切断紧急制动指令线,制动力不足的车辆发生紧急制动。

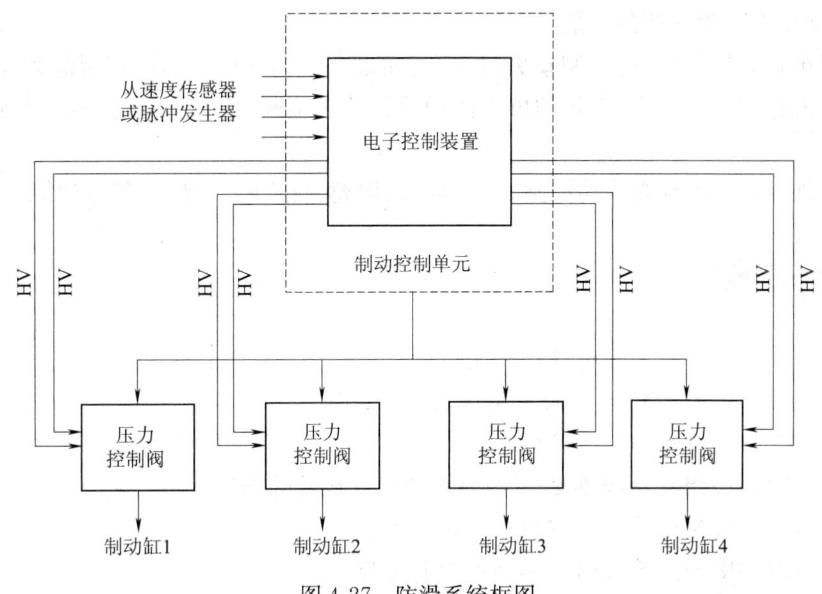

图 4-27 防滑系统框图

制动力不足检测线在以下情况时通电：常用制动 4～7 级作用时；ATP 常用制动作用时。

(2)载荷调整功能

电空转换电路将检测到的两个空气弹簧的压力信号转变为载荷电信号，并将这两个载荷信号的平均值作为车重。

载荷调整功能是在空气弹簧爆破或电空转换电路发生异常导致输出压力低于空车压力时，设置最低保证压力(空车的 80%)；在电空转换电路发生异常导致输出压力高于超员压力时，设置最高限制压力(超员的 120%)。载荷调整功能原理如图 4-28 所示。

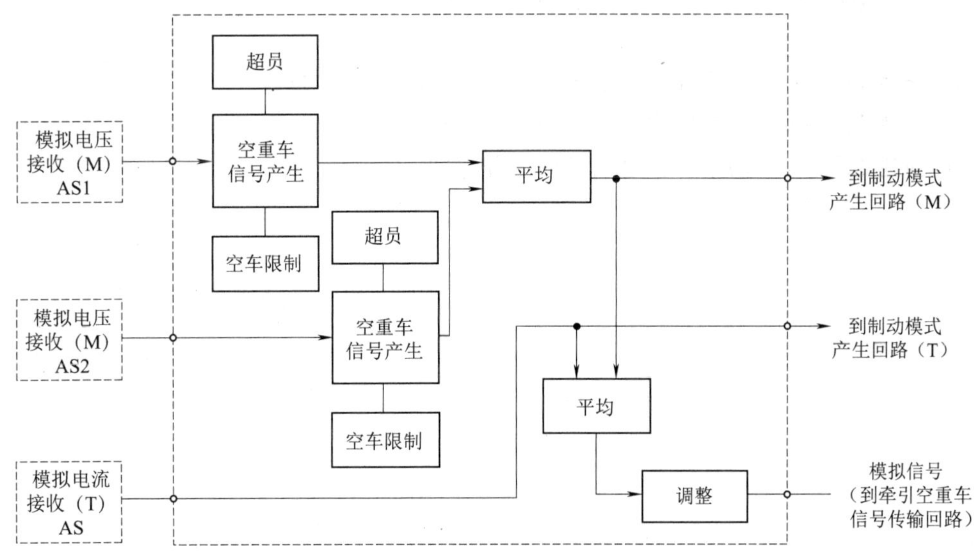

图 4-28 载荷调整功能方框图

(3)电制动失效预告控制功能

运行列车将要停车时,再生制动失效,此时如果空气制动反应延迟将引起列车冲动。电制动失效预告控制功能在 VVVF 的再生制动反馈信号不断衰减时,能够减少空气制动的反应延时。

除此之外,ECU 还具有冲动控制、磁滞补偿、初充、自诊断、监控等其他功能。

复习思考题

1. EP2002 制动系统主要由哪些部件组成?
2. EP2002 智能阀与 RIO 阀的主要区别是什么?
3. EP2002 网关阀有哪些作用?
4. 简述 EP2002 阀气动阀单元(PVU)各功能区域的作用。
5. 简述 EP2002 制动系统的常用制动工作原理。
6. 简述 EP2002 制动系统的紧急制动工作原理。
7. 简述 EP2002 制动系统的防滑控制原理。
8. EP2002 制动系统常用的网络结构有哪两种? 主要区别是什么?
9. EP2002 制动系统保压制动的缓解条件是什么?
10. EP2002 制动系统有何特点?
11. KBGM 制动系统采用怎样的制动力分配原则?
12. KBGM 制动系统的主要组成部分有哪些?
13. 简述 KBGM 制动系统中电子制动控制单元(EBCU)的作用。
14. 简述 KBGM 制动系统中制动控制单元(BCU)的作用。
15. 简述 KBGM 制动系统常用制动的工作原理。
16. 简述 KBGM 制动系统紧急制动的工作原理。
17. HRDA 制动系统采用怎样的制动力分配原则?
18. 简述 HRDA 制动系统制动电子控制单元(ECU)的作用。
19. 简述 HRDA 制动系统常用制动的工作原理。
20. 简述 HRDA 制动系统紧急制动的工作原理。

第五章　基础制动装置

第一节　单元制动器

基础制动装置是把制动原力即作用在制动缸活塞上的压缩空气推力放大若干倍以后，均匀地传递给各闸瓦或制动夹钳，使其转变为压紧车轮踏面或制动盘的机械力，从而产生制动作用。基础制动装置是确保地铁车辆行车安全的最重要的措施之一，它最基本的功能是吸收制动动能并将之转化为热能散发到空气中。

一、单元制动器概述

城市轨道交通车辆的基础制动装置是制动装置的执行部件，普遍采用单元制动器。单元制动器分为两类，一类是由踏面和闸瓦组成摩擦副的闸瓦制动，一类是由制动盘和制动夹钳组成摩擦副的盘形制动。

闸瓦制动也称为踏面制动，是城市轨道交通最常用的一种制动方式。闸瓦制动装置在制动时根据制动指令控制制动缸内产生相应的压力，该压力通过制动缸使制动缸活塞杆产生推力，经单元制动器中的一系列杆件的传递、分配，使每块闸瓦都压紧车轮踏面，并产生闸瓦压力。车轮踏面与闸瓦之间相对滑动，产生摩擦力，最后转化为轮轨之间的制动力。缓解时，制动控制装置将制动缸压力空气排出，制动缸活塞在制动缸缓解弹簧的作用下退回，通过各杆件带动闸瓦离开车轮踏面。

在闸瓦与车轮这一对摩擦副中，车轮由于主要承担着车辆走行功能，因此其材料不能随意改变。要改善闸瓦制动的性能，只能通过改变闸瓦材料的方法。早期的闸瓦材料主要是铸铁。为了改善摩擦性能和增加耐磨性，目前城市轨道交通车辆中大多采用合成闸瓦，但合成闸瓦的导热性较差，因此目前也有采用导热性能良好，且具有较好的摩擦性能和耐磨性的粉末冶金闸瓦。

闸瓦制动方式中，动能转化为热能的能力强，但热能散于大气的能力相对较弱。当要求的制动功率较大时，有可能发生热能来不及散于大气，而在闸瓦与车轮踏面聚集，使它们的温度升高，严重时甚至会导致闸瓦熔化（铸铁闸瓦）或车轮踏面产生裂纹等。因此，在采用闸瓦制动时，对制动功率要有限制。

盘形制动是在车轴上或在车轮辐板侧面安装制动盘，用制动夹钳使以合成材料制成的两个闸片紧压制动盘，通过摩擦产生制动力，使列车减速或停止前进。由于作用力不在车轮踏面上，盘形制动可以大大减轻车轮踏面的热负荷和机械磨耗。另外制动平稳，几乎没有噪声。盘形制动的摩擦面积大，而且可以根据需要安装若干套，制动效果明显高于闸瓦制动。但不足的是车轮踏面没有闸瓦的磨刮，将使轮轨黏着恶化，制动盘使簧下重量及冲击振动增大，运行中消耗牵引功率。

二、单元制动器的主要技术参数

1. PC7Y 型、PC7YF 型单元制动器

PC7Y 型、PC7YF 型单元制动器的主要技术参数参见表 5-1。

表 5-1　PC7Y 型、PC7YF 型单元制动器的主要技术参数

制动倍率	常用制动器	2.85
	弹簧制动器	1.15
制动缸工作压力/kPa		300～600
最大闸瓦压力/kN		45
闸瓦磨耗后一次最大调整量/mm		15
最大间隙调整量/mm		110
PC7Y 型单元制动器质量(包括闸瓦)/kg		63
PC7YF 型单元制动器质量(包括闸瓦)/kg		85

2. 不带弹簧制动器的制动钳单元

不带弹簧制动器的制动钳单元(C01)的主要技术参数见表 5-2。

表 5-2　不带弹簧制动器的制动钳单元(C01)的主要技术参数

制动闸片总作用力/kN	41(在 380 kPa 下)
制动闸片厚度为 35 mm 时制动盘的最大厚度/mm	35
制动闸片总作用力/kN	41
最大允许工作压力/kPa	540
最大允许测试压力/kPa	810
在缓解位置的最大测试压力/kPa	3
每个制动闸片的最大行程/mm	5.5
无反复作用力条件下每次行程的最大复位距离/mm	1.1
每个闸片的面积/cm^2	400
相对闸片的最大调整量/mm	83
允许温度范围/℃	－40～＋80
不包括闸片的质量/kg	91
轴在运行中相对中心安装的最大允许侧向运动/mm	±10(减去安装公差)

第二节　闸 瓦 制 动

广州地铁车辆,上海地铁车辆采用的单元制动器是由德国克诺尔公司生产的踏面式单元制动器(又称闸瓦制动装置)。每个转向架上有四个单元制动器,分别对四个车轮进行制动。闸瓦制动装置分为两种型号,一种为 PC7Y 型,另一种为 PC7YF 型。它们的结构基本

一致，只是 PC7YF 多了一个弹簧制动器（又称为停放制动器），主要用于车辆停放制动。下面以 PC7Y 型和 PC7YF 型单元制动器为例，说明闸瓦制动装置的结构和工作原理。

一、PC7Y 型单元制动器

1. PC7Y 型单元制动器的构造

PC7Y 型单元制动器主要由制动缸、活塞、驻车制动杆、缓解弹簧、闸瓦间隙自动调整器、吊杆、扭簧、闸瓦托及闸瓦等组成，如图 5-1 所示。

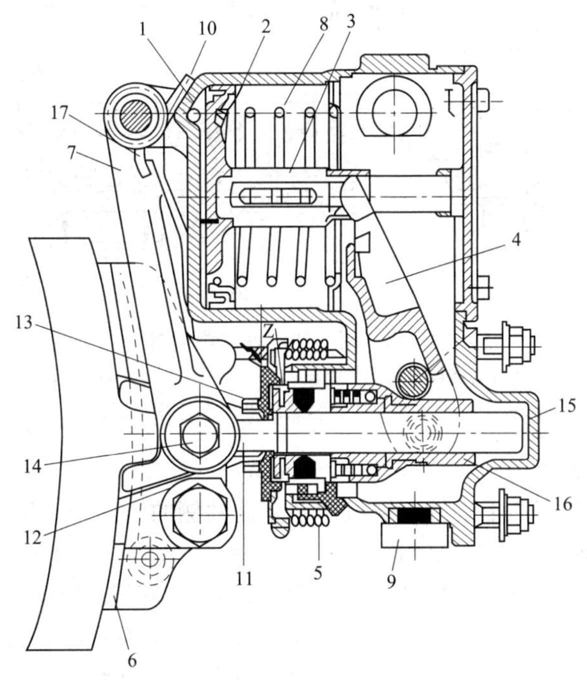

图 5-1　PC7Y 型踏面单元制动器（不带停车制动器）

1—制动缸；2—制动活塞；3—制动活塞杆；4—制动杠杆；5—闸瓦间隙自动调整器；6—闸瓦托；7—闸瓦托吊杆；8—缓解弹簧；9—透气滤清器；10—闸瓦托复位弹簧；11—推杆头；12—弹簧垫圈；13—调整螺母；14—螺栓；15—外体；16—闸瓦间隙调整器体；17—扭簧

2. PC7Y 型单元制动器的作用原理

制动时，单元制动器的制动缸内充入压缩空气，推动活塞移动并转换为活塞杆的推力。活塞杆带动制动杠杆围绕安装在制动缸体上的销轴转动。由于 PC7Y 型单元制动器的制动倍率为 2.85，所以该推力通过制动杠杆扩大后传给闸瓦间隙自动调整器，再通过推杆，最后传给闸瓦，使闸瓦紧压车轮踏面产生制动作用。

缓解时，制动缸内的压力空气排出，制动缸缓解弹簧和扭簧推动推杆和活塞恢复原位，闸瓦离开车轮踏面产生缓解作用。

3. 闸瓦间隙自动调整器的结构和基本原理

由于闸瓦属于磨耗件，所以经过一定时间的作用，闸瓦与车轮踏面之间的间隙会增大，这种现象对摩擦制动效率影响极大。对于闸瓦与车轮踏面之间产生的间隙，不能采用人工的方式去检测或调整。因此，PC7Y 型单元制动器都带有一个闸瓦间隙自动调整器，用于自动调整闸瓦与车轮踏面之间的间隙，使之保持在规定范围内，一般为 6～10 mm。

闸瓦间隙自动调整器主要由调整套筒、大螺距非自锁螺杆、推力螺母、联合器螺母、行程限位套、预紧力弹簧和滚针轴承等组成，如图 5-2 所示。

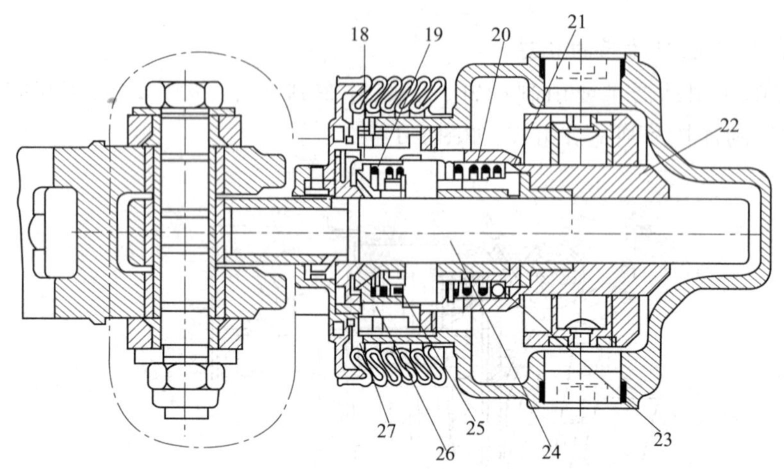

图 5-2　闸瓦间隙自动调整器

18—联合器螺母；19、20—弹簧；21—推力螺母；22—调节套筒；
23、25—滚针轴承；24—大螺距非自锁螺杆；26—行程限位套；27—伞形离合器

闸瓦间隙自动调整器的工作比较复杂，下面做一些简单介绍。

(1)制动时：当调节套筒上的杠杆通过调节套筒两侧的销轴带动调节套筒一起向车轮踏面方向(该方向即为闸瓦制动装置的前进方向)移动，行程限位套上两侧镶嵌在调节套筒两侧长槽中的销轴首先受到外壳止挡环的阻挡而停止向前，而闸瓦间隙自动调整器的其他部件尚未受到阻挡还在继续向前。这时行程限位套前端和联合器螺母相啮合的一副伞形离合器开始脱离，而调节套筒继续推动螺母前进。此时若闸瓦与车轮踏面有间隙，推杆继续前进，联合器螺母则会在弹簧和滚针轴承作用下发生转动，在大螺距非自锁螺杆(即推杆)上向后移动，直到闸瓦与车轮踏面紧贴，推杆停止前进，联合器螺母重新与行程限位套啮合而停止转动。

(2)缓解时：制动缸缓解弹簧与扭簧使制动杠杆带动闸瓦间隙自动调整器的调节套筒向后移动。当推杆因行程限位套和联合螺母啮合不能再后退时，调节套筒继续后退，并与推力螺母分离，推力螺母在弹簧和滚针轴承的作用下发生转动，在大螺距非自锁螺杆上向后移动，使其与调节套筒及连接环重新紧密啮合。推力螺母后退的距离与联合螺母后移的距离相同，他们之间仍保持原来距离，只不过两个螺母在推杆上的位置都向后移动了，而后移的距离即为闸瓦磨损的间隙。这样，单元制动器自动完成了一次闸瓦磨损间隙的补偿过程。

二、PC7YF 型单元制动器

1. PC7YF 型单元制动器结构

PC7YF 型单元制动器的结构是在 PC7Y 型的单元制动器的基础上，增加了一个停放制动器，主要由停车缓解风缸、缓解活塞、活塞杆、螺纹套筒、制动弹簧、手动辅助缓解机构等组成，如图 5-3 所示。

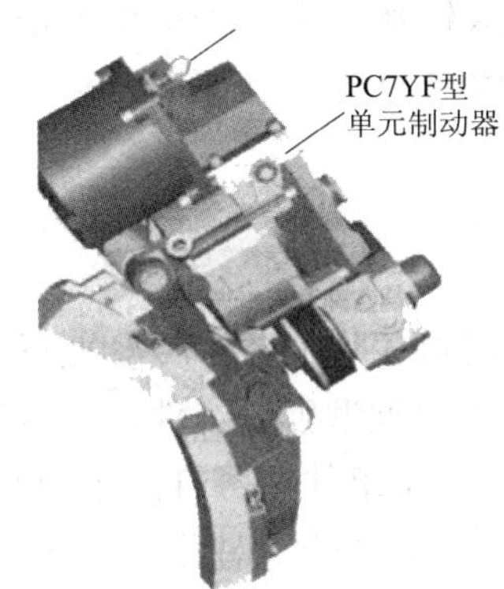

（a）PC7YF型单元制动器外形图

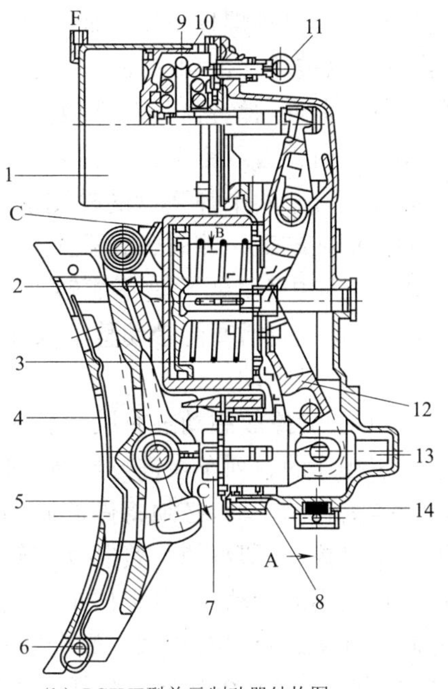

（b）PC7YF型单元制动器结构图

图 5-3　PC7YF 型单元制动器(带停车制动器)

1—弹簧制动器；2—制动缸活塞；3—缓解弹簧；4—锁紧簧片；5—闸瓦；6—开口销；7—调整螺母；8—闸瓦间隙自动调整器；9—弹簧制动器弹簧；10—弹簧制动器活塞；11—缓解拉环；12—制动杠杆；13—闸瓦间隙自动调整器的推杆；14—滤清器；F—压力空气向弹簧制动器充气接口；C—压力空气向制动缸充气接口

停放制动器实际上是一个弹簧制动器，是利用释放弹簧储存的弹性势能来推动制动缸活塞，带动两级制动杠杆使闸瓦与车轮踏面紧压而产生制动的。它的缓解需要向弹簧制动缸充气，通过活塞移动使弹簧压缩，从而使停放制动缓解。弹簧制动器一般是用电磁阀来控制充气和排气的。因此，司机可以在司机室内控制停放制动的施加与缓解。

2. PC7YF 型单元制动器弹簧制动器的作用原理

弹簧制动器的停放制动施加和缓解过程如下：

(1)施加过程。当停放制动缸排气时，活塞在双锥型弹簧的弹力作用下向左移动，螺套及螺杆也向左运动，带动停放制动杠杆逆时针转动，使常用制动活塞杆向右移动，推动闸瓦间隙自动调整器，闸瓦向左移动，紧压车轮踏面，单元制动器产生制动作用。因为停放制动器在制动状态是不需要压缩空气，仅靠弹簧的弹力就能使单元制动器产生制动作用，所以可以用于无压缩空气车辆(停放的列车一般都切断电源，因此空气压缩机停止工作)。

(2)缓解过程。当压缩空气进入停放制动器的制动缸，其活塞右移，安装在活塞内的双锥形弹簧受压缩，而活塞中心线上的螺杆及螺套也向右运动，但很快螺杆被缸体挡住不能再运动，因为螺套在缸体的距离很短。这时活塞在制动缸中还有很大一段活动距离，还在继续向右压缩双锥型弹簧。由于中间螺杆也是大螺距非自锁螺杆，只要外界有推力螺杆就能自动旋入螺套内而保持活塞继续压缩双锥型弹簧。当双锥型弹簧被压缩到位后，活塞才停止运动。在活塞和推杆向右移动时，停放制动杠杆顺时针转动，其另一端将常用制动的活塞杆向左推，同时制动杠杆带动闸瓦间隙自动调节器、闸瓦右移，使单元制动器产生缓解作用。

但在此过程中非自锁螺杆不转动而带动螺套运动,弹簧盘与螺杆头部之间存有一副锥形离合器,当弹簧盘被活塞带动向左运动时,锥形离合器就合上了,使弹簧盘与螺杆之间不能有相对的转动。此外,弹簧盘与双锥型弹簧是紧配合,所以只要弹簧盘不转动,双锥形弹簧就不会转动。这时再看双锥型弹簧的另一端,也有一个弹簧盘套在制动缸盖的导向杆上,它们之间是间隙配合。两个弹簧盘的外侧都装有推力轴承,因此整个双锥形弹簧组件是可以灵活转动的。但在缸盖一侧的弹簧盖上带有一圈矩形齿轮,有一个安装在外壳上的定位销正好插在矩形齿轮中,使弹簧盘不能转动,因此整个双锥形弹簧组件也就不能转动。所以,在停放制动缸排气时活塞能带动整个双锥型弹簧组件向左移动,从而带动停放制动杠杆逆时针转动,实现弹簧制动。

如前所述,只要向停放制动缸充风,就可以完成停放制动的缓解(释放)。停放制动的缓解也是可以人工操作的。列车在进行检修作业时,主风缸内一般无压缩空气,车辆是被弹簧制动锁住的。若需移动车辆,必须将停放制动缓解。这时可以将插在弹簧盘矩形齿轮内的定位销用专门工具拔出,即可使弹簧制动缓解。这是因为双锥型弹簧组件在平时制动或缓解中被定位销锁住不能转动,一旦定位销被拔去,双锥型弹簧组件即可自由转动并伸长,同时带动螺杆旋转并将螺套向右移动。螺套的右移使停放制动杠杆顺时针转动,推动常用制动缸活塞向左移动。这时,常用制动的活塞缓解弹簧及吊杆扭簧也共同发挥作用,使制动杠杆逆时针转动,推杆右移,停放制动得到缓解。

弹簧制动器经人工缓解后不会自动复位。若要复位,只需向弹簧制动缸充风一次,双锥形弹簧重新被压缩,定位销将弹簧盘锁住即可。

目前,大部分采用 PC7YF 型和 PC7Y 型单元制动器的地铁或轻轨转向架,两台带弹簧制动器的 PC7YF 型单元制动器在转向架上是呈对角线布置的,可以分别对两个轮对进行停放制动。另一个对角线布置的是两台 PC7Y 型单元制动器。

三、单元制动器的日常检查与测试

1. 单元制动器的日常检查与测试

(1)目测检查锁紧片、橡皮保护套、闸瓦卡簧及各螺栓、扭簧轴销卡簧,要求无异常,卡簧无断裂、脱落。

(2)检查管路及紧固件,要求管路无漏气,紧固件完好、无松动。

(3)检查闸瓦。要求闸瓦最低处厚度≥12 mm,要求闸瓦未磨耗到限,缓解状态时测量闸瓦与踏面间的间隙,调整间隙至(9±1)mm。然后检查并测试停放制动功能,包括人工缓解在内。

2. 单元制动器的日常保养

(1)对单元制动器做外观清扫。

(2)松开闸瓦连接螺栓、螺母,取下挡圈环,抽出扭簧心轴,取下吊臂。

(3)拧下定位弹簧螺套,对弹簧片进行清洗、清洁后,在弹簧片上涂薄层润滑油。

(4)将制动单元吊至实验台上进行功能及泄漏测试。

(5)安装吊臂扭簧、心轴扭簧,并将挡圈环扣好,其中扭簧和心轴涂上薄层润滑油,螺杆表面涂润滑脂。

(6)将闸瓦托联合螺栓插上,并将螺母拧紧。

(7)检查、清洁皮腔并对其润滑。

(8)更换闸瓦。

第三节 盘 形 制 动

一、盘形制动装置的作用及构造

盘形制动又称摩擦式圆盘制动,是在车轴上或在车轮辐板侧面装设制动盘,用制动夹钳将合成材料制成的两个闸片紧压在制动盘侧面,通过摩擦产生制动力,把列车动能转变成热能,耗散于大气之中。

盘形制动装置的结构如图 5-4 所示,由单元制动缸、夹钳装置、闸片和制动盘组成。单元制动缸中含有闸调器。夹钳装置由吊杆、闸片托、杠杆和支点拉板组成,夹钳的悬挂方式为制动缸浮动三点悬挂,及两闸片托的吊杆为两悬挂点,另一悬挂点是支点拉板。

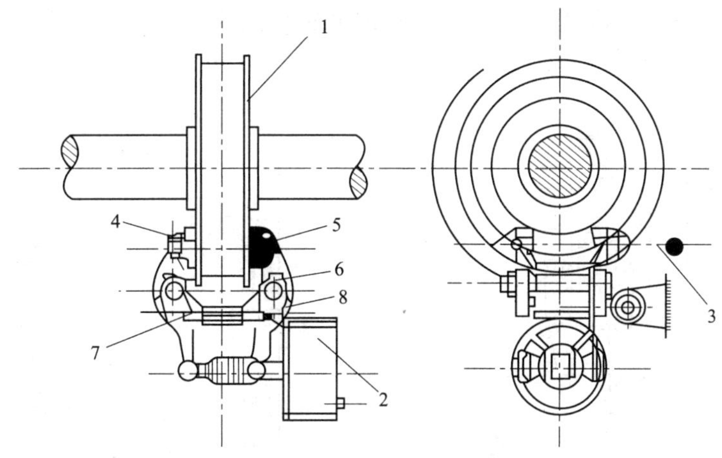

图 5-4 盘形制动结构图

1—轮对;2—单元制动缸;3—吊杆;4—制动夹钳;5—闸瓦托;6、7—杠杆;8—支点拉板

制动时,制动缸充风,制动缸活塞杆推出,制动缸缸体和活塞杆带动两根杠杆移动,通过杠杆和支点拉板组成的夹钳,夹紧制动盘的两个摩擦面,产生制动作用。缓解时,制动缸排风,制动缸活塞杆拉回,制动缸活塞杆带动两根杠杆复位,使制动钳与制动盘分离,实现缓解作用。

二、盘形制动装置的优缺点

与闸瓦制动相比,盘形制动有以下优点:

(1)盘形制动装置代替闸瓦对车轮踏面的摩擦,因而不存在对车轮的热影响,同时也减少了对车轮的磨耗,延长了车轮的使用寿命并改善了运行品质,保证了行车安全。

(2)盘形制动的散热性能比较好,所以摩擦因数稳定,能得到较恒定的制动力。他的热容量允许它具有较高的制动功率。

(3)由于可以自由的选择制动盘和闸片的材料,使这一对摩擦副具有最佳的制动参数,可以获得较高的摩擦因数,并且比较稳定。因此可以减小闸片压力,减少制动缸和杠杆的尺寸,减轻制动装置的重量。

(4)盘形制动的闸片面积比闸瓦制动的闸瓦面积大,承受单位压力面积小,它的磨耗率也小。

盘形制动也存在下列不足:

(1)车轮踏面没有闸瓦的磨刮,轮轨黏着将恶化。所以,为了防止高速滑行,即要考虑采用高质量的防滑装置,也要考虑加装踏面清扫器。

(2)制动盘使簧下重量及其引起的冲击震动增大;运行中还要消耗牵引功率,速度越高,这种功率损失也越大。

三、盘形制动装置分类

盘形制动装置根据制动盘安装形式不同,分为轴盘式(图 5-5)和轮盘式(图 5-6)两大类。轴盘式盘形制动装置是把制动盘安装在轮轴上,通过某种形式与轮轴固定,使制动盘与轮对同时转动。轮盘式盘形制动装置的制动盘安装在车轮上。

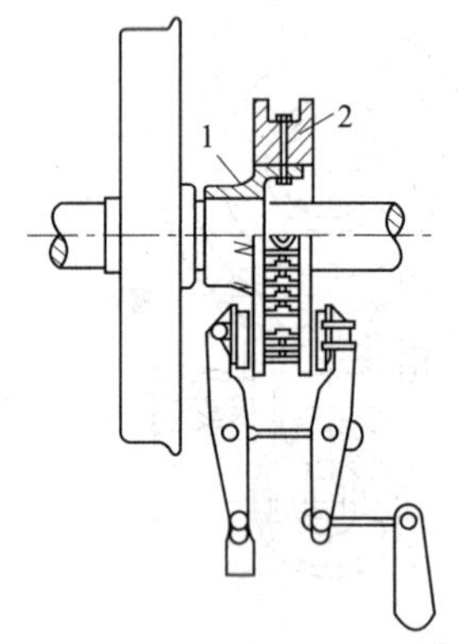

图 5-5　轴盘式盘形制动装置

1—盘毂;2—制动盘

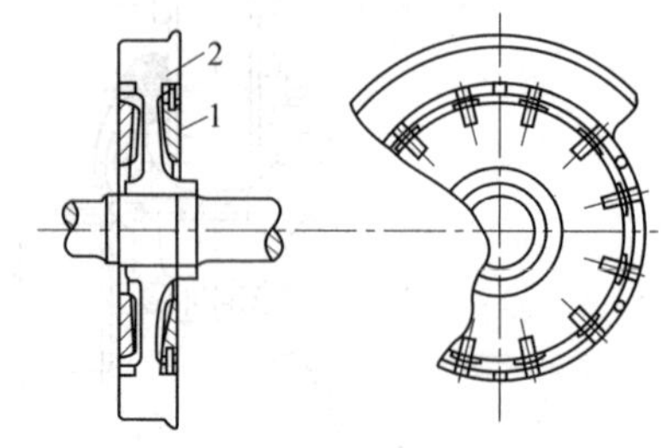

图 5-6　轮盘式盘形制动装置

1—过渡钢盘;2—制动盘

一般在空间位置允许的情况下,大多采用轴盘式盘形制动装置。如图 5-5 所示,制动盘通过盘毂与轮轴固定,盘毂是压装在轮轴上的,制动盘通过螺栓紧固在盘毂上。盘毂和制动盘根据需要有多种方式,二者的连接方式应保证制动时,不因制动产生的热量而松弛或分离。

当轴盘式盘形制动装置受空间限制无法安装(比如在动车上由于布置牵引电动机而无法安装制动盘)时,可以采用轮盘式盘形制动装置。如图 5-6 所示,制动盘与过渡钢盘采取径向连接,过渡钢盘由螺钉安装在车轮轮毂上。

制动盘的材料有铁、铸钢和铸铁等多种,而闸片也有合成材料、粉末冶金材料等各种材料。城市轨道交通车辆由于运行速度较低,一般多采用铸铁盘和合成闸片。对合成闸片材料成分选择,除满足制动摩擦性能要求外,还必须考虑其对环境的影响,应符合有关环保要求。如不能增加制动盘数,则可通过改变制动盘和闸片的材质(如选择钢盘、粉末冶金闸片)来达到制动的要求。

四、典型城轨车辆盘形制动的结构

安装在转向架上的盘形制动装置包括一个不带弹簧制动器的气动制动钳(2/C01)、一个带有弹簧制动器的气制动钳(2/C03)和每根轴上的两个车轮制动盘(3/C04)。制动钳(2/C03)的弹簧制动部分用作停放制动,并配有一个机械遥控装置(4/C03.02)。盘形制动装置在转向架上的安装位置如图 5-7 所示。

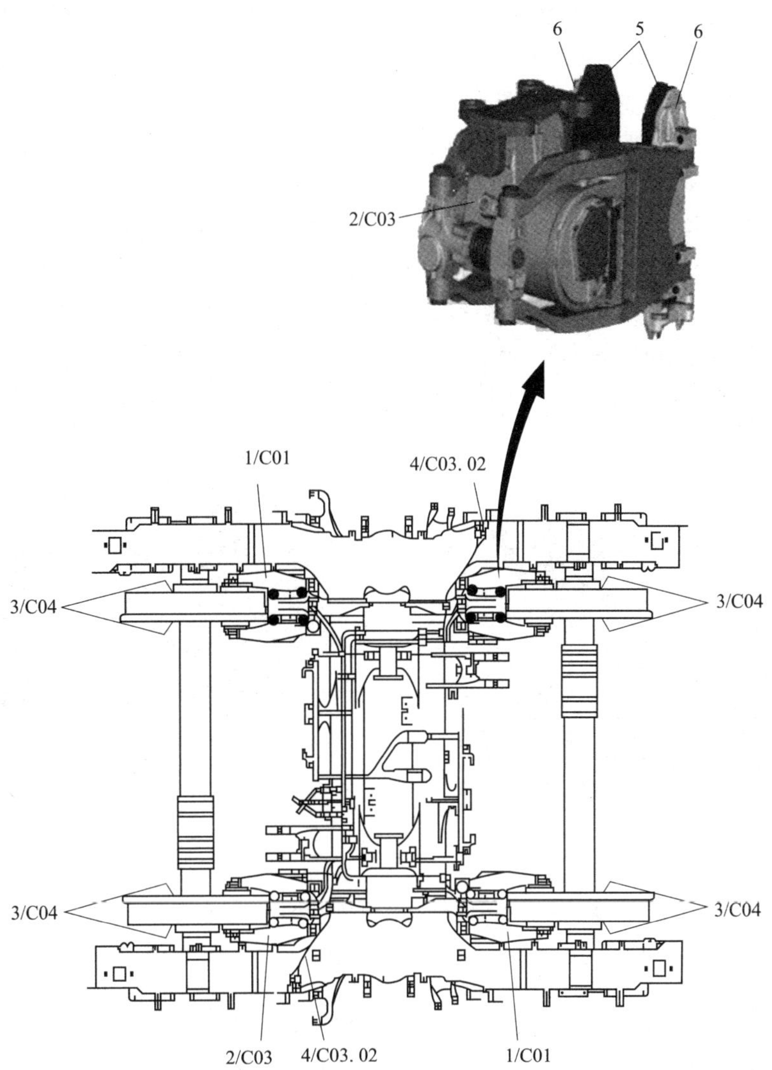

图 5-7 盘形制动装置在转向架上的安装(以拖车转向架为例)

1/C01—不带弹簧制动器的气动制动钳;2/C03—带弹簧制动器的气动制动钳;
3/C04—车轮制动盘;4/C03.02 机械遥控装置;5—制动闸片;6—制动闸片支座

盘形制动装置的制动钳单元具有以下几个结构特点:

(1)采用模块化结构,包括独立的制动气缸和闸瓦间隙自动调整器装置;

(2)紧凑、轻量化设计,在转向架中占用空间较小;

(3)隔膜或密封型气缸,用作常用制动的执行器;

(4)弹簧制动器可通过手动操作电缆或辅助缓解键进行机械缓解;

(5)用于停放制动的弹簧制动器,它集成在机壳中,有1个或2个执行弹簧(根据要求而定);

(6)具有剖分式结构的扭转刚性钳杆;

(7)钳杆上仅有少量的铰接点和轴承,并进行封装,以实现长寿命和低噪声;

(8)制动钳单元从一个销钉上居中悬挂(制动闸片支座上没有吊座),可以很容易地针对较大的侧向运动和倾斜运动进行调整。

1. 不带弹簧制动器的制动钳单元

不带弹簧制动器的制动钳单元C01用于常用制动,主要由机壳、隔膜、钳杆、闸瓦间隙自动调整模块和制动闸片支座等部件组成,具体结构如图5-8所示。

机壳由销钉支撑,该销钉适宜安装在托架中。此托架用螺栓连接到转向架构架上。隔膜安装在机壳中,用两个形状相同的钳杆9以铰链连接。在钳杆的自由端装有制动闸片支座,外加制动闸片。钳杆3的另一端被铰链连接到闸瓦间隙自动调整模块。隔膜包括隔膜D1、活塞D2和活塞复位弹簧D3。闸瓦间隙自动调整模块主要包括心轴、推力螺母、套筒飞轮和扭力弹簧。闸瓦间隙自动调整模块端部的推杆插口用橡胶盖密封,以防尘土进入。

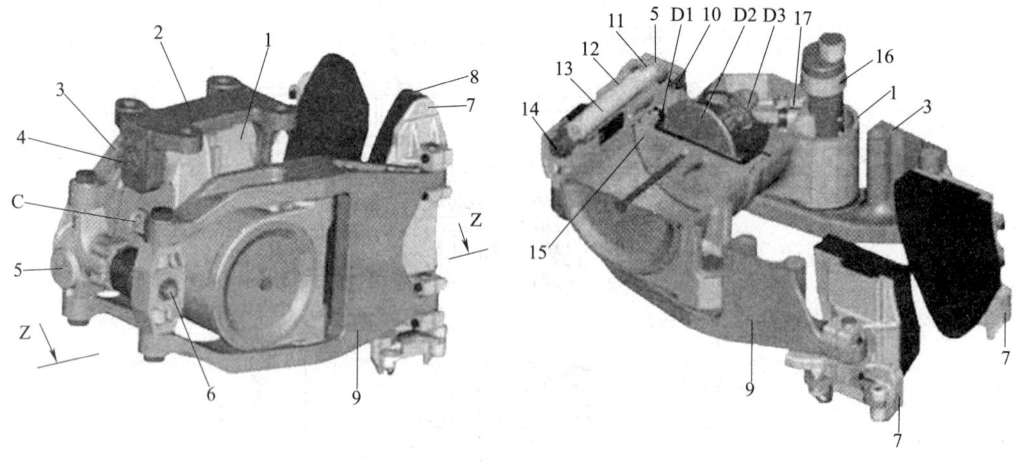

图5-8 不带弹簧制动器的制动钳单元C01

1—机壳;2—托架;3、9—钳杆;4—销钉;5—闸瓦间隙自动调整模块;6—六角复位头;7—制动闸片支座;8—制动闸片;10—推杆;11—套筒飞轮;12—扭力弹簧;13—心轴;14—推力螺母;15—隔膜(包括隔膜D1、活塞D2、活塞复位弹簧D3);16—偏心轴;17—杆;C—常用制动供风口

每个制动闸片支座都由制动闸片支座、销钉和制动闸片组成。制动闸片支座有一个楔形滑槽以便能插入闸片。闸片由铆装在闸片支座上的锁紧闸门加以固定,并用锁紧弹簧保持闸门的位置。

当常用制动供风口C处有压缩空气进入时,其压力作用在隔膜内,推动活塞D2移动,并带动杆17上的偏心轴转动,从而使安装在偏心轴上的钳杆3转至制动位置。而连接至闸瓦间隙自动调整模块上与之相对的钳杆9也转至制动位置。制动闸片接触制动盘,产生制动作用。

当常用制动供风口 C 处压缩空气排出时，在活塞复位弹簧 D3 的复原力作用下，偏心轴随活塞 D2 的缩回而转回。心轴在闸瓦间隙自动调整模块内继续转动，直至钳杆 3 和 9 复位，制动闸片离开制动盘，产生缓解作用。

2. 带弹簧制动器的制动钳单元

带有弹簧制动器的制动钳单元 C03，用作常用制动和停放制动。主要由机壳、隔膜、钳杆、闸瓦间隙自动调整模块、制动闸片支座和弹簧制动器等部件组成，具体结构如图 5-9 所示。

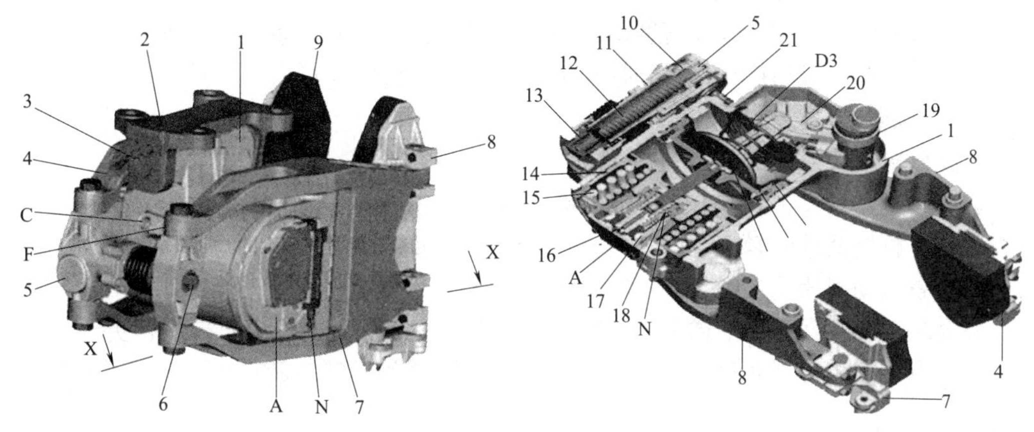

图 5-9 带弹簧制动器的制动钳单元 C03

1—机壳；2—托架；3—销钉；4、7—钳杆；5—闸瓦间隙自动调整模块；6—六角复位头；8—制动闸片支座；9—制动闸片；10—套筒飞轮；11—扭力弹簧；12—心轴；13—推力螺母；14—活塞；15—压缩弹簧；16—螺纹心轴；17—齿轮；18—螺母；19—偏心轴；20—杆；21—推杆；22—隔膜（包括隔膜 D1、活塞 D2、活塞复位弹簧 D3）；A—弹簧制动器；C—常用制动供风口；F—停放制动供风口；N—紧急缓解装置

隔膜安装在机壳内，与无弹簧制动器制动单元 C01 中使用的隔膜完全相同。弹簧制动器 A 集成在机壳内，它主要由活塞、压缩弹簧、螺纹心轴、推杆、螺母、齿轮及紧急缓解装置 N 组成。钳杆 4、7，闸瓦间隙自动调整模块与无弹簧制动器的制动钳单元结构相同。

带有弹簧制动器的制动钳单元 C03 的常用制动作用与不带弹簧制动器的制动钳单元 C01 一致，只是额外增加了停放制动作用，弹簧制动器如图 5-10 所示。

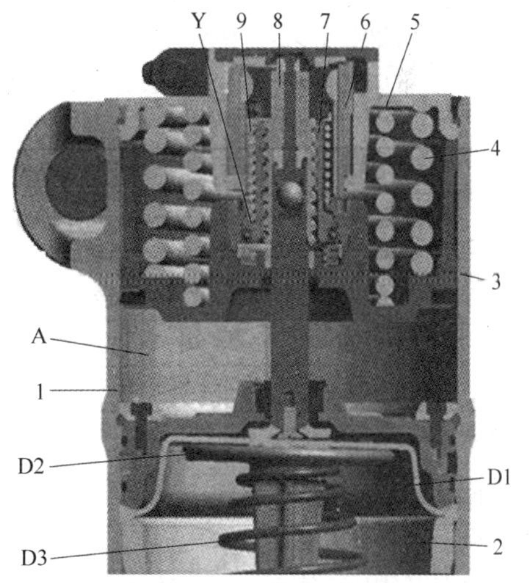

图 5-10 弹簧制动器结构

1—机壳；2—隔膜（包括隔膜 D1、活塞 D2、活塞复位弹簧 D3）；3—活塞；4、9—压缩弹簧；5—端盖；6—齿轮；7—螺母；8—螺纹心轴；A—弹簧制动器；Y—锥形万向节

当停放制动供风口 F 处有压缩空气进入弹簧制动器时，停放制动缓解。以最小缓解压力向弹簧制动器充风，将使活塞外加螺纹心轴及推杆移回缓解位置。随着推杆回程，活塞 D2 由复位弹簧 D3 推回缓解位置，

从而打开钳杆，停放制动装置产生缓解作用。

当弹簧制动器排风时可启动压缩弹簧。此弹簧的作用力由活塞经锥形万向节 Y 传递到螺母，再从那里转至螺纹心轴。螺纹心轴通过活塞的推杆将作用力传递给活塞 D2，推动活塞到达制动位置，停放制动施加。弹簧停放制动器的夹紧力大小与常用动力无关，且不受隔膜气缸大小影响。

螺纹心轴和螺母的螺纹非自锁型。螺纹心轴由一个半圆键约束在齿轮中，以使其在力传递过程中不会随螺母内转动。

停放制动在紧急情况下，弹簧制动器 A 可通过遥控装置有一条连接至紧急缓解装置 N 的线揽进行缓解。当没有压缩空气时(车辆已停放并停机)，亦可人工拉动紧急缓解装置 N 使停放制动缓解。

3. 盘形制动装置的日常检查与维护

(1)检查制动钳是否有变形或锈蚀等损坏情况。

(2)检查将制动单元紧固在构架上的紧固件标志，如果紧固件松脱，则应重新紧固。

(3)检查制动闸片支座是否有变形或腐蚀，如有损坏需更换所有损坏部件。

(4)检查底座是否紧固，确定固定制动闸片支座紧固的销钉是否损坏，如有损坏，更新销钉。

(5)检查用于弹簧制动器排气的通气塞是否阻塞，必须用螺钉旋具等杆形工具对螺纹孔进行清洁。

(6)检查制动闸片是否损坏，在制动闸片磨损至小于 5 mm 的最小厚度之前必须对其进行更换。在安装了新的制动闸片后，应反复施加和缓解车辆制动，检查制动装置是否作用正常。最后检查制动闸片与制动盘之间的间隙应为 1.5 mm。

对盘形制动装置进行检查与维护时，应注意：关闭制动截断塞门，完全排空常用制动气缸的空气；对于带有弹簧制动器的制动钳单元 C03，需遥控操作紧急缓解装置，以手动方式缓解弹簧制动器。

第四节　基础制动装置的主要指标

一、制动倍率

为了在制动时得到足够的制动力，就必须有一定的闸瓦压力。闸瓦压力源于制动缸活塞(或停车制动装置)产生的制动原力，而制动原力的大小与制动缸直径、制动缸内空气压力成正比。因此，增大制动缸直径和制动缸内空气压力可提高制动原力，达到增大闸瓦压力，产生足够制动力的目的。但是，由于经济成本和技术条件的制约，制动缸的直径和缸内空气压力被限制在一定的范围内。实际工作中，一般是靠制动杠杆将制动原力放大一定倍数后传递到闸瓦装置，形成闸瓦压力，这个将制动原力放大的倍数，称为制动倍率。

制动倍率用 γ_b 表示，其表达式为：

$$\gamma_b=\frac{\sum K_{理}}{F} \tag{5-1}$$

式中　$\sum K_{理}$——一个制动缸所形成的闸瓦压力的总和(理论值)(kN)；

F——制动原力(kN)。

制动倍率的大小取决于制动传动装置各杠杆的尺寸大小。根据杠杆原理可知：

$$\gamma_b = \frac{\text{各杠杆主动臂长度的乘积}}{\text{各杠杆从动臂长度的乘积}} \tag{5-2}$$

城轨车辆均采用单元制动器，只设有一副制动杠杆，故其制动倍率为制动杠杆主动臂长度与从动臂长度的比值。各型城轨车辆的制动杠杆的结构和尺寸不一样，制动倍率也不尽相同。

制动倍率是基础制动装置的重要特性，它的数值与制动缸活塞行程及闸瓦与车轮间的间隙大小有关，所以制动倍率的大小对制动效果及运用、维修工作都有直接的影响。

二、基础制动装置的传动效率

制动时，在制动缸活塞杆推力传递至闸瓦的过程中，需要克服缓解弹簧的反力、制动缸活塞与缸壁间的摩擦力以及制动传动装置各销套间的摩擦力等，所以闸瓦所得到的实际闸瓦压力小于按上述杠杆原理计算的理论闸瓦压力。实际闸瓦压力与理论闸瓦压力的比值称为基础制动装置的传动效率，一般用 η_b 表示，其表达式为：

$$\eta_b = \frac{\sum K_{实}}{\sum K_{理}} \tag{5-3}$$

式中 $\sum K_{实}$——一个制动缸所形成的实际总闸瓦压力(kN)。

同一般机械设备一样，我们希望 η 值越大越好。η 值的大小与基础制动装置中各杠杆的结构形式、销套连接的多少、制动缸的直径等因素有关，还与城轨车辆车辆所处的状态及其保养状态有关。通常制动传动效率值是由试验获得的。

三、制 动 率

城轨车辆的制动能力不能仅以闸瓦压力来表示，因为同样大小的闸瓦压力，对于重量不同的城轨车辆来说，其制动效果是不同的。只有城轨车辆单位重量所具有的闸瓦压力，才能确切地表示其制动能力。所谓城轨车辆制动率是指城轨车辆单位重量所获得的闸瓦压力。城轨车辆制动率用 δ 表示，其表达式为：

$$\delta = \frac{\sum K}{q} \tag{5-4}$$

式中 $\sum K$——城轨车辆闸瓦总压力(kN)；

q——城轨车辆总重量(kN)。

闸瓦压力是指制动原力经制动传动装置传递到闸瓦上所形成的作用力。

$$\sum K = m \sum K_{实} \tag{5-5}$$

式中 m——每辆城轨车辆制动缸的数目。

根据式(4-1)、式(4-3)推导可知：

$$\sum K_{实} = F \gamma_b \eta_b \tag{5-6}$$

其中

$$F = p_z \frac{\pi d^2}{4} \tag{5-7}$$

式中 p_z——制动缸压力，kPa；

d——制动缸活塞直径，m。

综上可知：

$$\sum K=m\sum K_{实}=mp_z\frac{\pi d^2}{4}\gamma_b\eta_b \tag{5-8}$$

制动率表征城轨车辆制动能力的大小。合理地确定制动率对保证运行速度及运行安全都有重要意义。为了提高制动效果,通常希望采取较大的制动率,但是提高制动率受轮轨间黏着条件的限制。

复习思考题

1. 单元制动器的概念是如何定义的?
2. 试述单元制动器的作用。
3. 简述 PC7Y 型单元制动器的构造及作用。
4. 试述 PC7Y 型单元制动器的制动作用是如何实现的?
5. 试述 PC7Y 型单元制动器的缓解作用是如何实现的?
6. 简述 PC7YF 型单元制动器的停放制动器的构造及作用。
7. 试述 PC7YF 型单元制动器的停放制动是如何实现的?
8. 试述 PC7YF 型单元制动器的缓解是如何实现的?
9. 简述盘型制动器的组成及作用。
10. 简述与闸瓦制动比较盘型制动器的优缺点。
11. 简述 C01 型盘形制动装置的组成及作用。
12. 城轨车辆的制动倍率、传动效率、制动率是如何定义的?

第六章　制动系统检修与调试

制动系统是城市轨道交通车辆的重要组成部分，对于列车运行安全起着至关重要的作用。在城市轨道交通车辆的日常维护和定期检修工作中，做好制动系统的检修工作，使其保持良好的技术状态十分必要。而制动系统的调试，则是检查发现制动系统故障的主要手段。

第一节　制动系统检修

做好制动系统的维护保养和检修工作，主要包括：

(1)每天出车之前必须对车辆制动系统仔细检查，回库后进行必要的维护保养工作，对运营中出现的故障必须查找出原因，并及时修理和记录。

(2)车辆定期检查和修理时，应严格按照检修规程对制动系统各零部件进行检查、更换、测试和修理。

(3)配备高精度专用检修、检测设备，以保证制动系统的维修质量。

我国城市轨道交通车辆借鉴了现行铁路机车车辆定期检修与日常保养相结合的检修制度，按照主要零部件的损伤规律，制定了由初级到高级的检修规程。但由于我国各城市轨道交通的车型设备、线路状况、信号与通信控制、运营条件等不尽相同，各地铁运营生产部门制定的修程也各有差异。

总体来看，城市轨道交通车辆的修程大致包括日检、双周检、月检、三月检、定修、架修、大修等，各运营生产部门一般根据本公司具体运营情况进行搭配组合。各个修程的作业范围和检修深度不同，若合理分工，既能保证车辆的运行安全，又能够减少不必要的重复修理。

1. 日检

日检是每天必须进行的车辆检查，一般在列车完成当日运行图回库之后到次日投入运用前进行，日检的目的是保证车辆的正常运行。

制动系统日检的主要对象为：

(1)空气压缩机组、冷却器的吊挂良好、无松动、无外伤、无漏油；工作时无明显异常杂音。

(2)空气干燥器的悬挂良好，无松动，排气口无堵塞。

(3)单元制动机的闸瓦无裂纹、闸瓦厚度不超限；制动缸无漏泄；各零部件无脱落或损伤。

(4)各种阀门和管路。各阀门开闭位置是否正确，各连接处无泄漏。

(5)防滑阀。外观良好,定位正常,无漏泄。

(6)列车制动功能检查。列车的常用制动、快速制动、紧急制动功能良好,各级制动缸压力符合规定。

2. 双周检

双周检每15天进行一次。制动系统的双周检内容及要求与日检基本相同。但在双周检时,需对空压机油状态进行检查,油位应符合要求,无乳化现象;同时需检查列车停放制动功能。

3. 月检

月检是每个月进行一次的车辆维护保养和检查。制动系统的月检内容及要求与日检基本相同。但在月检时,需要做动态牵引试验和制动试验。

制动试验包括40 km/h、60 km/h和80 km/h常用全制动试验及40 km/h、60 km/h快速制动试验,如果试车线较长,还应做80 km/h快速制动试验。

4. 三月检

三月检是每三个月进行一次的车辆维护保养和检查。制动系统三月检的内容及要求与月检的主要差别在于:

(1)闸瓦间隙。闸瓦间隙应自动保持在规定范围之内。

(2)空气压缩机。清洁滤尘网,打开排水阀排水。新造车首次运营三个月后,对空气制动管路过滤器进行清洁,并更换空压机油。

5. 定修

定修也称为年检,属于计划性检修,是一种预防性检修。定修以时间或运营里程为检修周期,通常运行每10万km或每一年进行一次(两个指标以先到为准)。

定修对重要的大部件做较细致的检查;对故障部件进行修理;对易损零件进行更换。制动系统定修的主要内容包括。

(1)空气压缩机组:检查悬挂和连接是否完好牢固;更换空压机油;清洗过滤器,对空压机进行排水。

(2)空气干燥塔:清洗排污口;检查出口空气湿度,一般不能大于35%。

(3)单元制动机:检查各处连接应牢固无松动、各配件状态良好无损伤;检查闸瓦间隙、测量闸瓦厚度,磨耗到限的闸瓦应立即更换;检查停放制动(人工缓解)功能。

(4)风缸:各风缸吊挂牢固、无松动;风缸无破损、漏泄;各空气管路、塞门、连接状态良好、无漏泄;对风缸排水。

(5)制动控制模块:制动控制箱吊挂牢固、无松动;箱内电子元件、接线端子安装牢固、无松动。

(6)制动电阻箱:箱体安装牢固、绝缘无破损、裂纹;制动电阻、接线端子及接线安装牢固、无烧灼、绝缘良好。

(7)防滑阀:外观良好、固定牢固、无漏气。

制动系统定修的其他检查与月检相同。此外,定修列车还要进行制动系统静态和动态的调试和试验。

制动系统的静态调试和试验包括:

(1)复核、调整空气压缩机压力开关；

(2)检查防滑阀功能；

(3)常用全制动和紧急制动试验；

(4)停车制动和缓解功能试验。

制动系统的动态调试和试验包括：

(1)动车启动及收车试验；

(2)低速牵引、制动试验。其中，制动试验包括 40 km/h、60 km/h 和 80 km/h 常用全制动试验及 40 km/h、60 km/h 紧急制动试验。

6. 架修和大修

城市轨道交通车辆的架修和大修为高级别定期维修，属于时间性预防维修。它是以使用时间或运营里程作为检修期限，只要车辆使用到预先规定的时间或运行里程时，无论车辆的技术状态如何，都必须进行规定的相关检修工作，是一种强制性的预防维修方式。

架修和大修的主要依据是机件的磨损规律，当车辆运用一定时间或运行一定里程后，某些零部件不可避免的会产生一定程度的损伤，影响其正常工作威胁行车安全，严重时将导致重大事故的发生。通过对车辆零部件损伤的大量统计资料进行研究，按不同损伤规律和损伤速度将车辆零部件划分为相应若干组，确定出不同零部件的损伤极限，从而制定不同修程的修理期限和修理范围。这样，使车辆在运用中得到有计划的修理，在零部件尚未达到损伤极限时就加以修复或更换。

我国城市轨道交通车辆的架修一般是每 50 万 km 或每 5 年一次(两个指标以先到的为准)。架修主要是恢复性修理，重点是车辆的走行部分、车钩缓冲装置和空气制动系统。对车辆在运营中发现的各种故障和损伤彻底修复，按照架修限度规定更换磨损过限的零件，保证各零部件作用良好，减少架修后投运中的临修作业，提高车辆的使用效率。

大修是最高级别的修理，一般是每 100 万 km 或每 10 年一次(两个指标以先到的为准)。大修的目的是对车辆做彻底的检查和修理，使其恢复新车出厂时的功能和标准。大修除了覆盖架修内容外，还要更换车轮、轴承、内饰和橡胶件等零部件。大修时对车辆进行全面细致的检查，对主要部件按大修限度进行更换和彻底修理，必要时还应结合运行情况，对设计缺陷进行更改，对车辆进行必要的现代化技术改造，提高现有车辆的质量。

在车辆架修和大修过程中，制动系统是个庞大而重要的机构，涉及零部件纷繁复杂，主要包括空气压缩机组、空气干燥塔、单元制动机、空气制动控制系统、防滑阀、安全阀等。对于各部件需分解、清洗、检查、试验，对于损伤过限的零部件应予以更换或彻底修理。

(1)空气压缩机组：分解空气压缩机组，清洗各个零部件，检查内部零件是否损伤，尺寸是否符合要求，对需要的零部件进行给油润滑。空气压缩机组装后，在综合实验台上进行整机试验。

(2)空气干燥塔：分解空气干燥塔，清洗零部件并检查其是否完好、有无阻塞，特别是排污机构。重新组装空气干燥器，更换干燥剂，对排污功能进行测试。

(3)单元制动机：对单元制动机进行外表清洗除尘。单元制动机需在试验台上进行功能试验及漏泄测试。

架修时不分解制动缸，大修时应分解制动缸，并进行内部清扫、检查，更换相关部件。

(4)空气制动控制系统:分解空气制动控制系统的各种阀和压力开关,对各阀进行检查、清洁和润滑。在相应实验台上对电磁阀和气动阀进行功能测试。

(5)防滑阀:清洁防滑阀表面,应无积垢、无灰尘。对防滑阀进行检查、清洁和润滑,应无损伤、无裂纹。对防滑阀进行功能测试,应功能良好,无漏泄。

(6)安全阀:架修和大修后,一般应更换所有的安全阀。

第二节　制动系统调试

新造和检修完毕的城市轨道交通车辆应对其制动系统进行调试,只有制动系统性能调试合格的城轨列车才可以上线运行。

调试试验的目的:

(1)确认压缩空气设备的气密性和动作正常。

(2)确认车辆在静止和动态状态下制动系统的性能和动作正常。

一、制动系统静态调试

城轨列车静态调试在列车组装完成或者检修完成后进行,通常设置专门的调试车间,调试流程如图 6-1 所示。

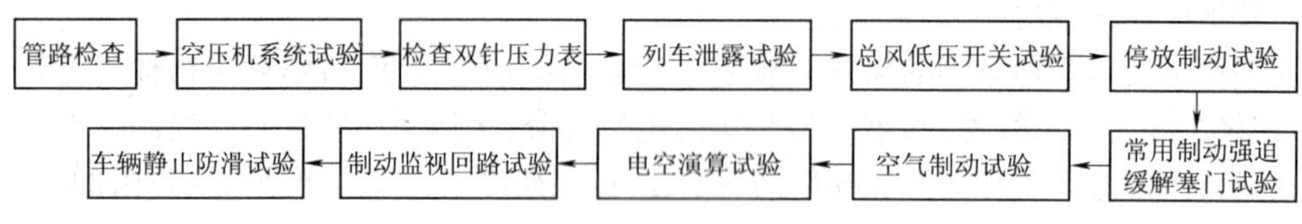

图 6-1　城轨列车静态调试流程

二、制动系统动态调试

城轨列车动态调试流程如图 6-2 所示。

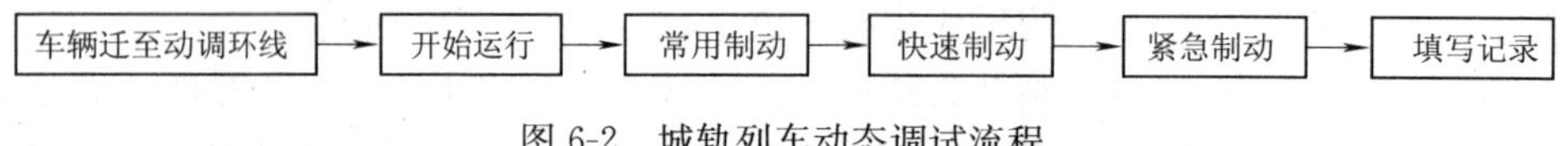

图 6-2　城轨列车动态调试流程

复习思考题

1. 制动系统日检的作业范围是什么?
2. 制动系统双周检的作业范围是什么?
3. 制动系统月检的作业范围是什么?
4. 制动系统三月检的作业范围是什么?
5. 制动系统定修的项目有哪些?
6. 简述制动系统的静态调试流程。

参 考 文 献

[1] 曾青中,韩增盛．城市轨道交通车辆．2版．成都:西南交通大学出版社,2009.
[2] 张振森．城市轨道交通车辆．北京:中国铁道出版社,1998.
[3] 阳东,卢桂云．城市轨道交通车辆检修．北京:机械工业出版社,2010.
[4] 王伯铭．城市轨道交通车辆．2版．成都:西南交通大学出版社,2007.
[5] 彭俊彬．动车组牵引与制动．北京:中国铁道出版社,2006.
[6] 李益民,阳东．城市轨道交通制动系统维护与检修．北京:机械工业出版社,2012.
[7] 夏寅荪．机车车辆及城市轨道车辆电空制动机．北京:中国铁道出版社,2000.
[8] 杨鲁会．城市轨道交通车辆制动系统．北京:中国铁道出版社,2014.
[9] 应云飞,秦娟兰．城市轨道交通车辆制动系统．成都:西南交通大学出版社,2011.
[10] 王月明．动车组制动技术．北京:中国铁道出版社,2010.
[11] 内田清五．日本新干线列车制动系统．陈贺,李毅,杨弘,译．北京:中国铁道出版社,2004.
[12] 刘柱军,佟关林,等．城市轨道交通车辆制动系统．北京:人民交通出版社,2013.